Post Qualification Personnel System

ジョブ型人事制度の教科書

日本企業のための
制度構築と
その運用法

コーン・フェリー
柴田 彰
Akira Shibata

加藤 守和
Morikazu Kato

日本能率協会マネジメントセンター

はじめに

　昨今は、メディアにおいても「ジョブ型」という言葉をよく見聞きするようになってきたように、「ジョブ型」が人事領域においてホットトピックになりつつある。しかし、「ジョブ型」という言葉だけがひとり歩きしており、その内容や理解に大きなバラつきがあるように見受けられる。

　著者らが所属するコーン・フェリーは組織・人事のコンサルティングファームであり、その前身のひとつであるヘイグループは「ジョブ型」の核となる職務評価の手法を世界で初めて創り出した源流となる企業である。日本においても、1970年代から組織・人事コンサルティングサービスを提供しており、数多くの日本企業に対してジョブ型人事制度の導入・運用をサポートしてきた実績を持つ。その豊富な実績のなかから、いくつか見えてきたことがある。

　日本は、世界のなかでも独自の人事慣行を持つ国である。昨今は「ジョブ型」の対比として、「メンバーシップ型」という言葉がよく使われるようになってきたが、「職務」ではなく「ヒト」を基軸にした人材マネジメントが強く根づいている。そのため、終身雇用や年功序列といった「ヒト」にまつわる課題が常に起きる。

　「ジョブ型」というものは、「職務」基軸の考え方であり、日本的な人事慣行と大きく異なり、相容れない部分を持つ考え方である。そのため、欧米で導入されている仕組みをそのまま日本企業に適用しようとしても、上手くいかないことが多い。コーン・フェリーでは長年にわたり、様々な日本企業とジョブ型の導入・定着に尽力してきており、「ジョブ型」と日本企業の相性や馴染ませるためのポイントなどに対する知見がだいぶ蓄積されてきている。

　しかし、残念ながら、現場で個々の企業にコンサルティングをおこなっている立場からすると、「ジョブ型」についての誤解が多いことを実感する。例えば、「ジョブ型は成果主義のことだ」「ジョブ型はリストラのためにおこなわれるものだ」といった誤解である。それは、日本において「ジョブ型」を体系的に学ぶための機会が圧倒的に不足していることによるからだ。

　今回、本書『ジョブ型人事制度の教科書』を上梓した理由もそこにある。「ジョ

3

ブ型」は確かに日本の人事慣行と相容れない部分のある難しい仕組みである。しかし、日本以外のグローバルではほとんどの企業が「ジョブ型」を採用しており、日本でも「ブーム」となって何度となく上陸するのは、「ジョブ型」の持つ普遍性ゆえであろう。

　その普遍性とは「処遇は職務の価値によって与えられるものであり、年齢・性別・人種などによって変えられるべきものではない」ということである。

　日本においては、「年功序列」がやり玉にあがることが多いが、「ジョブ型」とは「年齢が高い者が高い処遇を得るのではなく、職務価値が高い者が高い処遇を得る」ことを志向しているとも捉えられる。誤った理解に基づき、本質を見誤るのは望ましいことではない。

　本書は、「ジョブ型」の持つ良い点も悪い点も含めて、体系的に整理し、まさにこれから導入する日本企業の「教科書」として役立つことを期待している。

　本書を通じ、日本企業におけるビジネスパーソンの「ジョブ型」に対する理解を進め、各社において最適な形でのジョブ型人事制度の導入に役立つことを心の底から願っている。

　2021年2月

CONTENTS

第 **3** 章

日本の労働慣行とのギャップ

第 **4** 章

ジョブ型制度における等級制度

第 **5** 章

ジョブ型制度における評価制度

第 6 章

ジョブ型制度における報酬制度

第 7 章

導入コミュニケーション

第 **8** 章

ジョブ型制度における運用体制・プロセス

第**9**章

ジョブ型制度の導入事例

第 **1** 章

なぜジョブ型人事制度が求められるのか

第3次ジョブ型人事制度ブームの到来

◆ グローバル・グレードの必要性

　ここ数年、日本企業ではジョブ型人事制度（以下、ジョブ型制度）の導入が進んでいる。正確に言えば、ジョブ型制度導入の第3次ブームを迎えている。そしてこの勢いは一過性のものではなさそうである（**図表1-1**）。

　過去を振り返ると、2000年前後に第1次のブームが起こった。この頃、景気減退の影響を受けて思うような業績を上げられなくなった日本企業が続出し、コスト削減が大きな経営課題になっていた。かつて、高度成長期の日本企業を支えてきた終身雇用、年功序列などの人事慣行が足かせとなり、人件費が利益を圧迫する図式が散見されるようになった。

　この時期、人事の世界だけではなく、世間的に「成果主義」という言葉が流行した。成果主義とは、業績によって厳格に社員の処遇を決めていこうとする考え方のことである。成果主義を体現するものとしてジョブ型制度が注目を集め、多くの日本企業がこぞって導入した。名目こそ成果と処遇との関係強化を掲げたものだが、実質的には人件費の削減を目的とした制度導入も多く見られた。ジョブ型制度が持つコスト・コントロール効果を期待したのが第1次ブームだったのである。

　2010年代に入ると、ジョブ型制度の第2次ブームを迎える。このブームの背景には、日本企業のグローバル化がある。当然のことながら、企業によってグローバル化の進み度合いには相当なバラつきがある。2010年前後の時点で、海外での売り上げ比率が全体の半分を占めるような企業もあれば、国内での事業展開を主としている企業もあった。程度の差はあったが、多くの日本企業が海外市場に成長の活路を求めようとしていた。そこで登場したのが、「グローバル・グレード」という仕組みである。

　グローバル・グレードを簡単に言えば、世界共通で職務等級を導入するものだ。国を超えて、人事異動や報酬ガバナンスをかけようとすると、世界共通の人事の枠組みが必要となる。等級制度は人事制度の基盤でもある。世界共通の人事

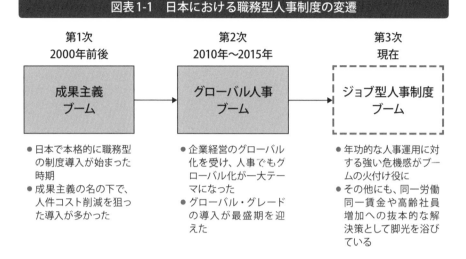

図表1-1　日本における職務型人事制度の変遷

第1次 2000年前後	第2次 2010年〜2015年	第3次 現在
成果主義 ブーム	グローバル人事 ブーム	ジョブ型人事制度 ブーム
●日本で本格的に職務型の制度導入が始まった時期 ●成果主義の名の下で、人件コスト削減を狙った導入が多かった	●企業経営のグローバル化を受け、人事でもグローバル化が一大テーマになった ●グローバル・グレードの導入が最盛期を迎えた	●年功的な人事運用に対する強い危機感がブームの火付け役に ●その他にも、同一労働同一賃金や高齢社員増加への抜本的な解決策として脚光を浴びている

の枠組みを構築するためには、等級制度を共通化しなければならない。人事制度は大きく分類すると、仕事基準である「ジョブ型制度」とヒト基準である「職能型制度」に分かれる。日本では職能型を運用する企業が未だ多いが、海外ではジョブ型が圧倒的標準であり、職能型は日本独特の仕組みである。そのため、海外拠点を含めてグローバルで人事制度を統一しようとすると、世界標準とされるジョブ型制度にするのが自然と言える。

　グローバル・グレードは、国をまたいだ人事異動をおこなう際に必要な仕組みでもある。日本人にとって海外赴任は出世コースのひとつであり、比較的容易に国をまたいだ人事異動が可能である。そのため、国をまたいだ人事異動に必要と言われても、少しイメージがつきにくいかもしれない。

　外国人社員を日本人の海外赴任と同様に別の国に異動させようとする場合、そう容易なことではない。外国人社員は、家族や地域コミュニティを大切にする社員も多く、社命だからといって即座に転勤に応じるわけではない。会社側もきちんと赴任先のポジションや位置づけ、キャリアや報酬面での利点を示し、本人がきちんと納得するプロセスを踏まなければならない。その際、グローバルで共通の等級制度がなければ、本人を納得させることは難しい。赴任先のポジションと現在のポジションがグローバル全体の視点で序列化されていて、キャリア上のメ

リットなどを本人に説明できなければ本人の納得を得られないのだ。そのためグローバルでの人事交流を活発におこなおうとする企業では、ジョブ型を基軸としたグローバル・グレードが欠かせないのである。

◆ 報酬面での課題

　また、報酬ガバナンスという点でもグローバル・グレードは有効な仕組みである。日本企業が海外へ進出する際に、直面する課題のひとつは報酬面のギャップである。日本の経営者の報酬は世界的に低いことはよく知られているが、経営者に限った話ではない。**図表1-2**は横軸をジョブグレード（JG）、縦軸を報酬とし、世界の報酬水準（2020年時点）を比較した資料である。ジョブグレードとは、コーン・フェリーの職務評価手法に基づき、職務価値を点数化したものを括り、汎用的な比較を可能にした等級（グレード）を指す。

　この資料から分かるように、日本企業はキャリアのスタート時の報酬こそ比較的高水準にあるが、職責が上がるにつれ相対的に低水準になる。そのため、海外企業を買収したり、幹部クラスを採用したりすると、現地社員の報酬は同階層の

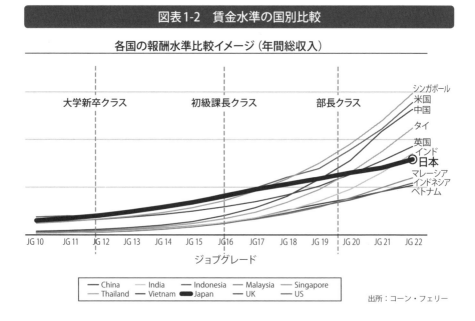

図表1-2　賃金水準の国別比較

各国の報酬水準比較イメージ（年間総収入）

出所：コーン・フェリー

日本人社員の2～3倍ということが当たり前に起こる。日本人社員を現地法人の社長として送り込むと、部下である幹部社員の報酬の方が軒並み高いことは珍しくない。報酬水準はその労働マーケットにおける相場観から決まるため、このような現象は仕方がない部分がある。

　しかし、現地社員の報酬がきちんと精査されているかというと、そうではないことも多い。日本本社からすると、国内の課長くらいの仕事しかしていないのに、現地では部長相当の役割として相場観に基づいて報酬が支払われていることもある。本来、役割（職務価値）×市場相場の2つの要素で合理的な水準にすべきであるが、「相場が高いから」という理由だけで高額報酬が支払われていることも多い。

　合理的な水準とはどれくらいかを判断するためには、報酬ガバナンスが欠かせない。具体的には、グローバル全体で職務価値を判定し、格付けをしたうえで、報酬は労働マーケットにおける相場に合わせる。課長相当の仕事であれば、現地の課長相当の市場水準に合わせて報酬を決定するべきである。

　グローバルに事業展開するうえでは、このような報酬ガバナンスも欠かすことができない。そのため、グローバル全体で積極的な人材交流あるいは報酬ガバナンスをおこないたいと願う日本企業が、グローバル・グレードを取り入れていった。こうした企業が第2次ブームの牽引役となったのである。

　そして「令和」の時代を迎えたいま、第3次ブームが訪れつつある。第1次・第2次ブームが過ぎ去った後、ジョブ型制度に対する世間の印象は様々である。ジョブ型制度と聞くと、リストラや人件費削減を想起する人もいる。また、職務記述書をはじめとして、運用が大変であるというイメージを持つ人も多い。一方で、終身雇用や年功序列といった日本型人事慣行からの脱却先として、ジョブ型制度をポジティブに捉える論調も増えつつある。

　次項では、改めていま、ジョブ型制度が求められる背景について解説する。

いま、ジョブ型制度が求められる背景

　第３次ブームは、かつてのような「分かりやすい契機」があるわけではない。いくつか複合的な要素が組み合わさり、ジョブ型制度導入の機運が高まっている。今回のブームは、以下の４つの要素が契機になっている。

- 変化の激しい事業環境への対応
- 同一労働同一賃金の要請
- 高齢化社会の到来
- 海外経験を持つ経営者の増加

◆変化の激しい事業環境への対応

　企業を取り巻く事業環境は急激に変化している。従来は、先々を予測して戦略を立て、資金と人材を投資することで、売り上げや収益を確実に上げることができた。いわば、規模の経済で勝つことができた時代である。しかし、テクノロジーの進化によって、様々なイノベーションが次々と起こるようになった。また、参入障壁も低くなり、異業種からの新規参入も容易になりつつある。自然災害やウィルスの脅威によって、経営環境や事業プロセスは機能不全に陥ることもある。先の未来を誰も予測できないVUCAの時代に突入したと言える。

　このような事業環境下で、日本固有の労働慣行である終身雇用を維持したまま、競争に勝ち残ることが難しくなっている。トヨタ自動車の豊田章男社長や経団連の中西宏明会長が、終身雇用の維持に懸念を示したのは記憶に新しい。このような厳しい環境下において、有限な経営資源を誰に優先的に配分すべきかについては、慎重に考えるべきである。多くの企業が優先的に配分したいと考える人材は、「会社への貢献度の大きい人」に他ならない。

　ジョブ型制度とは、経営の視点から「付加価値の高い仕事」は何かを捉え、序列化し、報いていく仕組みである。そのため、企業が「会社への貢献度が大きい人」に優先的に配分しようとしたときに、有力な選択肢に上がってくることは言うまでもない。

　ジョブ型制度は、資本効率の点で優れていることは言うまでもないが、それだけではない。新たなチャレンジを促すという点でも重要である。日本企業では、終身雇用とあわせて、年功序列的な人事運用が特徴と言える。年功序列とは、年次を基準とした昇格・昇進や年長者を優遇した人材登用であり、大企業を中心として未だに根強く残っている。

　意思決定者が年長者で占められることは、この変化の激しい時代においてはリスクが大きい。事業環境の変化は最前線で起きるものであり、常に変化を把握しながら次の一手を打たなければならない。

　しかし、経験を積んだ年配社員は、自身の経験を頼りにした意思決定や保守的な姿勢になりがちである。結果として、中堅・若手社員の新しい提案を却下し、旧来の勝ち筋から脱皮できない事態に陥りかねない。

　このような企業では、実力ある中堅・若手社員は外に活躍の機会を求めるようになる。結果として、保守的な社員だけが残り、企業は活力を失っていく。いわゆる大企業病である。新たなチャレンジを促し、企業を活性化させるために、ジョブ型制度の導入に踏み切る企業も増えているのだ。

◆ 同一労働同一賃金の要請

　同一労働同一賃金は、雇用形態の違いによって賃金を変えてはならないとする考え方であり、2020年より法制化されている。この法の趣旨は、同じ内容の仕事をしているかぎり、誰が仕事をしても同じ賃金を払うということである。すなわち、「仕事（ジョブ）」によって報酬は規定されるべきということを国が明確に示しているということだ。

　現在は、正規社員・非正規社員の処遇格差に焦点が当たっているものの、この「仕事中心」の考え方は、企業の報酬ポリシーに影響を及ぼし、少なからずジョブ型制度への機運の高まりに繋がっている。

◆ 高齢化社会の到来

　この課題については、日本企業の今後の雇用を考えるうえで欠かせない要素のひとつである。

　言うまでもなく、日本は高齢化社会へ突入しつつある。2020年現在、日本の

人口における65歳以上の人が占める割合は28.1％にのぼり、今後その比率は右肩上がりに推移していくことが予測されている。一方で少子化は止まらず、生産人口の減少は間違いなくおとずれる。日本全体を考えると、社会保障を必要とする層が増え、生産活動をおこなう層が減るため、国家財政が厳しくなるのは当然である。国家財政を維持するためには、国民にできるだけ長く働いてもらわなければならず、企業へのシニア社員の雇用要請は国策として強まる一方である。高年齢者雇用安定法は改正され、企業には70歳までの雇用確保の努力義務が求められる流れになったのも、こうした背景による。

「高齢社員の雇用確保」と「同一労働同一賃金」は、年功的な人事運用を続けてきた日本企業においては、大きなリスクを抱えることになる。いままで、多くの企業は、60歳定年制を維持し、60歳到達を機に再雇用へ切り替えるとともに、報酬水準を大きく減額する措置をとってきた。60歳以前と比べると、6割水準程度の報酬水準に抑えている企業が多い。

一方で、仕事自体は6割程度かというとそういうわけではなく、60歳以前とほぼ同様の仕事を担うことが実態である。これは、同一労働同一賃金の原則からすると、制度趣旨に沿っているとは言い難い。現時点で係争になるケースは少ないが、今後、再雇用に伴う報酬減額が問題視されることになると、会社は報酬水準を引き上げざるを得なくなるだろう。

そもそも、なぜこのような60歳到達をトリガーとした減額措置を取らなければならないかというと、年功的な人事運用をしているからに他ならない。年齢とともに右肩上がりの報酬の仕組みを運用していると、シニアになると実際の貢献より高い処遇となってしまう。再雇用による報酬減額は、この年功的に積み上がった報酬をリセットするという意味で絶好の機会として使われてきたのである。ただし、この報酬減額スキームが今後、ずっと適用できる保証はない。

また、年齢をトリガーとした報酬減額はシニア社員の意欲を大いに減退させる。たとえ報酬減額スキームが適用できたとしても、報酬減額により意欲が下がったシニア社員が職場にあふれるようになると、職場全体の士気が低迷することは言うまでもない。そのため、現役世代も含め、年功的な運用を廃したいというニーズは大きい。その際の有力な候補がジョブ型制度なのである。

◆ 海外経験を持つ経営者の増加

　これは、ジョブ型制度の導入の強い後押しになっている。グローバルの視点からすると、日本の職能資格制度の運用はかなり奇異なものに映る。実際の役割についてなくても、高報酬を得ることが許容されているからだ。

　例えば、部長の役割をしていなくても、部長相応の能力があれば、部長同等の報酬を得ることができる。これは、海外の第一線で活躍してきた人材からすると、理解に苦しむ制度である。海外では、あくまでも「仕事」ベースであり、高い能力があったとしても、相応の仕事についていなければ、高い報酬を得ることはない。海外経験を積んだ経営幹部は、日本の職能資格制度に対する違和感を持つことが多い。

　実際に、旧来の職能資格制度からジョブ型制度に移行するのは、決して容易なことではなく、社内の反対勢力を押し切って断行する力強いリーダーシップが必要となる。経営陣に海外経験を積んだ人が増えているということは、ジョブ型制度への導入に対して賛同を示す経営陣が増えるということでもあり、改革の強い後押しになっていることは間違いない。事実、トップダウンでジョブ型制度を断行する企業は増えている。

　このように、現在、いくつかの複合的な要素が組み合わさり、ジョブ型制度の導入への第3次ブームの幕が開き始めている。

　次章では、実際の日本企業の動向を踏まえ、ジョブ型制度の普及拡大の実態を解説する。

第 **2** 章

ジョブ型制度の
普及拡大の実態

普及が大きく進むジョブ型制度

◆ 職能型制度とジョブ型制度の向き不向き

　人事制度の類型は大きく分類すると、「職能型制度」と「ジョブ型制度」の2つのタイプに分かれる。職能型制度は社員の能力を基軸とした仕組み、ジョブ型制度は仕事そのものを基軸とした仕組みである。職能型制度は日本の高度経済成長を支えてきた重要な仕組みのひとつではあるが、現在、多くの企業がジョブ型制度へと舵を切りつつある。

　日本生産性本部の調査によると、管理職層・非管理職層ともに役割・職務を反映した賃金制度は増加傾向にある。とくに管理職層では、ここ10年間では職務型賃金制度は職能型賃金制度を上回っており、確実に仕事基準の制度へとシフトしている潮流が見て取れる（**図表2-1**）。

　ジョブ型制度は、企業のビジネスモデルによって向き不向きがある。概して、

図表2-1　職務型賃金制度の導入状況

管理職層の賃金制度（体系）導入状況

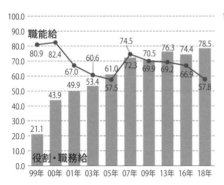

非管理職層の賃金制度（体系）導入状況

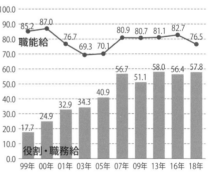

　役割・職務給：役割・職責あるいは職務の価値を反映している部分
　職能給：職務遂行能力の高さを反映している部分

出所：「第16回　日本的雇用・人事の変容に関する調査」（日本生産性本部）

ジョブ型制度は確立したビジネスプロセスをもとに組織力で事業を推進する企業に向いている。個々の職務の責任範囲が明確であるほど、ジョブ型制度との親和性が高いためである。典型的な例は製造業であり、医薬品・化学・電機・消費財メーカーなどでは普及が進んでいる。とくにグローバルでの事業展開を進めている企業では、ジョブ型制度の導入は避けられない。昨今では、銀行や商社などでもジョブ型制度への転換が急ピッチで進められている。

　一方で、ジョブ型制度よりも職能型制度の方が向いている企業もある。個人力で付加価値を提供するタイプのビジネスモデルを持つ企業である。典型的には、投資銀行や弁護士事務所などがあげられる。また、ベンチャー企業のように組織規模や組織能力が急速に成長するような企業においても、ジョブ型制度は馴染みにくい。職務内容自体が急激に変わっていくため、アップデートが難しいからである。そのため、今後も一定割合は職能型制度が占めることが想定される。

◆ジョブ型制度への転換が進む

　かつては、多くの日本企業が職能型制度を導入していた。しかし、「失われた20年」とされる長期の景気低迷に直面し、効率性が重視されるようになってきた。厳しい経営環境のもとでは、効率性の高い収益体質であることが勝ち残る条件とされた。ICTの発達とともに、ビジネスプロセスは標準化・効率化させ、無駄を削ぎ落としていった。効率化とあわせ、市場を海外に求め、グローバル化を進める企業は増えた。ジョブ型制度も、これらのビジネスの流れのなかで徐々に普及していった。第1章で述べたとおり、今後の変化の激しい経営環境を見据えると、ジョブ型制度への転換はさらに大きな潮流となっていくであろう。

　コーン・フェリーが2020年春におこなったジョブ型実態調査においては、1000人以上の大企業では、検討中を含めると約7割近い企業がジョブ型制度の具体的な検討に入っている実態が分かった。

　ジョブ型制度のなかには、厳密には「職務等級制度」と「役割等級制度」に分かれる。職務等級制度は個々の職務価値（ジョブサイズ）を測定して等級格付けをする仕組みを指す。一方で、役割等級制度とは、階層別の役割を定義し、その役割に準じて等級格付けをおこなう仕組みである。具体的には、部長相応の役割・課長相応の役割といった役割を定義し、その役割に準じて等級格付けをおこ

図表2-2　人事制度の類型とその違い

	ヒト基準	仕事（ジョブ）基準	
	職能資格等級制度	役割等級制度	職務等級制度（ジョブ型制度）
概要	職能資格基準に基づき、社員の**職務遂行能力**によって等級格付けを決める	役割等級基準に基づき、個々が担う**役割**によって等級格付けを決める	ひとつひとつの職務の職務価値（ジョブサイズ）をもとに等級格付けを決める
イメージ		 	
特徴	× 年功的運用に陥りやすい × 要職に就く人の動機づけは困難 ○ ポストに就かない人の動機づけがしやすい × 人件費コントロールがしにくい ◎ 運用負荷が低い	○ 職責相応の報酬が一定可能 ○ 要職に就く人の動機づけは可能（同一役割内の差はつきにくい） △ ポストに就かない人材の動機づけは困難 ○ 人件費コントロールは一定可能 ◎ 運用負荷が低い	◎ 職責と報酬が一致 ◎ 要職に就く人の動機づけをし易い △ ポストに就かない人材の動機づけは困難 ◎ 人件費コントロールはし易い × 運用負荷が高い

なうのが役割等級制度である。役割等級制度は、職務等級制度における職務価値（ジョブサイズ）測定を簡便化した仕組みと言える。

　役割等級制度を導入することにより、職能資格等級制度の年功的要素を緩め、職責に応じた処遇を実現することは一定可能になる。しかし、役割等級制度における職務との関連付けの精度は、職務等級制度に比べると弱い。簡単に言うと、「肩書き」に左右されやすい欠点がある。企業のなかには同じ部長という階層のなかでも、様々な部長がいる。事業貢献の大きい重責を担う部長もいれば、そうでない部長もいる。大企業になるほど、同じ肩書のなかでも、職責のバラつきが大きくなる。役割等級では、これらの違いを認識して区分することが難しいのだ。

　かつて、2000年前後の成果主義ブームのときには、一足飛びに職務等級制度の導入をするのではなく、ジョブ型制度の類型のひとつである役割等級制度を選択する企業が少なからずあった。実際にコーン・フェリーのおこなった実態調査のなかでも、現時点で導入されている制度を問う設問では、職能資格等級制度・役割等級制度・職務等級制度でほぼ三分される結果であった。

図表2-3　ジョブ型人事制度の導入・検討状況

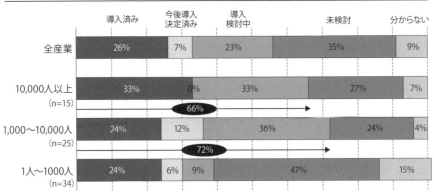

ジョブ型人事制度の導入・検討状況（企業規模別）

出所：コーン・フェリー「ジョブ型人事制度の実態調査」（2020年4-5月）

　しかしながら、大企業を中心により純度の高いジョブ型制度である職務等級制度への検討が進んでいる。それは、役割等級制度の限界を示唆している。とくに大企業では仕事ベースの人事制度のなかでも、一歩踏み込んだ職務等級制度へ移行することで、肩書に左右されず、仕事のそのものに準じた仕組みへ移行しようとしていると言える（**図表2-3**）。

日本企業がジョブ型制度を導入する狙い

日本企業がジョブ型制度を導入する狙いは、大きく分類すると

● **年功序列の打破（適正処遇の実現）**
● **適所適材の実現**
● **スペシャリスト人材の活用**

の３つがあげられる。

◆ 年功序列の打破（適正処遇の実現）

年功序列とは、年齢によって賃金の多寡や上位職への登用が決まる人事慣行を指す。職能型制度のもとでは、年功序列に陥りやすい。コンサルティングの現場でヒアリングをすると、未だに昇格や登用にあたり、入社年次や年齢を気にする企業が多いことに驚かされる。

ではなぜ、職能型制度のもとで年功的な人事運用に陥るのであろうか。

それは、「抽象度の高い能力基準」「能力判断の困難さ」によるところが大きい。職能型制度の根幹は能力基準であり、事業や業務で求められる能力が示されていなければならない。

しかし、企業のなかには様々な役割の仕事が混在しており、とてもではないが、個々の能力をきめ細やかに定義することは難しい。事業や業務環境が変われば、求められる能力は変わっていくが、あまりに能力が細かく定義されていると、アップデートが追い付かない。ある程度の耐用年数を考慮すると、汎用性と普遍性のある「抽象度の高い能力基準」にせざるを得ない。例えば、「高度な判断業務ができる能力」といった具合だ。これらの基準をもとに正確に能力を判断するのは極めて困難である。

そもそも、ヒトがヒトの能力を判定することは難しい。それは評価者ごとに、自身の経験や考えに基づく評価の偏りがあるからだ。何をもって「高度な判断業務」ができるかは、評価者の匙加減次第と言える。職能制度の根幹は、能力基準に基づく能力判断であるが、正しく能力判断をすること自体が困難であることを

理解しなければならない。

　昇格は、社員に対して最も分かりやすくインパクトのある人事施策である。それだけに、透明性と説明責任が求められる。等級基準に沿った明確な能力判断は難しいとなると、保守的な運用に陥らざるを得なくなる。そのため、社内で目立って成果を上げた優秀人材以外の早期昇格は見送られがちである。「出る杭は打たれる」という言葉が示すように、早い昇格は周囲の妬みを生み、決して本人のキャリア上プラスにならないと考える上司も多い。このような組織文化も相まって、年功序列的な昇格運用に陥るようになる。

　職能等級制度を年功的に運用していると、若手の抜擢も難しくなる。年功的な昇格運用を続けていると、ポストに就いてなくとも相応の能力があるとされる社員が増えていく。課長のポジションに空きはないが、課長相当の能力を持つとされる社員がいるといった具合である。職能型制度の良さは、ポストがなくとも昇格させ、ポストからあぶれた社員のモチベーションを長期に維持することができることにある。

　一方で、あぶれた社員に対して、「ポストが空いたら登用する」という期待を持たせてしまう。ポスト待機をしている社員が行列をなしている状況で、待機社員を差し置いて若手実力者を抜擢するのが難しいのは言うまでもない。これが、職能型制度で、昇格や抜擢が年功的におこなわれてしまう大きな要因である。

　このような年功的人事運用は、企業にとって大きなリスクになりつつある。かつて、右肩上がりの経済成長の時代は、良いものを作れば売れる時代でもあり、年長者の経験に基づく判断にも一定の価値があった。年長者を家長のように敬うことで、組織の求心力を高めるというメリットもあった。若手社員は将来自分も出世するという明るい展望を持ち、社外に目を向けずに定年まで勤めあげた。企業は高い社員の定着率のもと、会社運営をすることができた。日本全体の経済成長に、日本企業の人材活用と職能資格制度が上手くはまっていたと言える。

　しかし、平成・令和と元号が変わり、経営環境は大きく変化した。産業の成熟化は進み、規制緩和やデジタル技術の進展を契機に、新たなビジネスモデルが次々と生まれるようになった。時代の波に乗り遅れたビジネスモデルは急速に瓦解してきた。年長者の経験に基づく判断が必ずしも正解とは限らず、むしろ的外れなことも増えてきた。「年長者に任せる」のではなく、「実力者に任せる」方向

へ大きくシフトする時代に変わったのだ。

　優秀な社員ほど、自分の置かれている状況を客観視できるものである。会社が年次管理による昇格・登用を続けていることは即座に理解する。そこで、自分の年次が来るまで、活躍の機会を待つという時代ではない。会社である程度の経験を積んだら、見切りをつけて、自分の実力が発揮できるフィールドを探して転職していく時代なのだ。「優秀な人ほど転職してしまう」ということは、年功的な人事運用をしている企業では、必ず起きる現象である。

　年功的人事運用は社員に安心を与える効能があるが、「緩み」ももたらす。「やってもやらなくても変わらない」という考えが社内に蔓延しがちである。いま、「働かないオジサン」と揶揄され、会社にどのような貢献をしているか分からない中高年を問題視する声も多い。このような「緩み」は企業の競争力の鈍化に繋がる。

　日本企業がジョブ型制度を導入しようとする最大の理由はここにある。年齢に関係なく、実力に応じて昇格・登用をしていく。会社への貢献度合い（職務価値）に応じて適切な処遇をおこなうことで、より高い貢献を社員に喚起していく。「年功序列を打破」し、成果貢献に意欲的な活気ある企業へと転換をはかろうとする考え方である。

◆ 適所適材の実現

　２つめの理由は「適所適材」の考え方である。従来、日本企業が目指していたのは「適材適所」である。適材適所とは、適した人材を適する仕事に配置することだ。もう少し言葉を付け足すと、その人材の能力や資質が存分に生かせる職務に配置することを意味している。まず、ヒトありきで、ヒトが活きるように仕事に配置するという考え方だ。この「適材適所」という考え方を改めはじめている企業が増えつつある。「適材適所」には、大きく２つの問題がある。

　ひとつは、「仕事の高度化」である。テクノロジーの進化により、仕事そのものが高度・複雑化の一途を辿っている。企画業務ひとつとっても、ビジネスモデルや商品・技術に対する一定の理解がなくできる仕事はほとんどなくなってきている。多くの業務が専門化の方向へ向かっており、かつ高レベルでこなさなけれ

ば競合に置いていかれるという状況である。かつては、個々人の能力や資質を見ながら、未経験でも新しい仕事への挑戦を促すことで、日本企業は「適材適所」を実現させようとしてきた。しかし、未経験で務まるような仕事自体が減少しており、ゆっくり育成している時間的余裕もない。「仕事の高度化」は否応なく、日本企業の育成・配置のあり方を変えつつあるのだ。

「適材適所」のもうひとつの問題は「無駄の多さ」である。「適材適所」では、仕事の総量より人材数の方が多くなければ成り立たない。多くの人材をプールし、個々の人材の長所を見出し、人材配置をしていくので、ある程度の無駄を織り込まなければならない。言い方を変えると、人材投資の「余白」が必要になる。ただし、そのような「余白」を持つ余裕がある企業も限られてきている。「適材適所」を標榜しているものの、「余白」を許容できずに、多くの社員を特定の職場に塩漬けしてしまっている企業も多い。職務に熟練した社員を特定職務に従事させ続けるケースである。経営に効率性がより求められ、余白を必要とする「適材適所」を維持し続けるのが困難になりつつあるのだ。

「適所適材」とは「適材適所」をひっくり返した造語である。その意味するところは、職務に合わせて最適な人材を配置することだ。ヒトありきではなく、職務ありきの考え方である。もう少し言葉を足すと、組織に必要な職務を定義し、職務に適した人材を社内外から広く探して配置するという考え方だ。とくに海外の企業では「適所適材」が当然のようにおこなわれている。

　例えば、人事部長や営業部長のポストに欠員が発生した場合や、現職者が十分な成果を上げられていないと判断した場合には、それらの職務を全うするのに十分な力量を持っている人材を探し出すことになる。他の部門にいる未経験者を配置することに合理性はないため、他部門の人材は選択肢には入りにくい。同部門や近しい機能の社内人材を登用するか、社外から適任者を採用することになる。この「ポストにあった最適な人材を配置する」という考え方が「適所適材」なのである。

　日本企業では、畑違いの管理職を異動して人員補充をおこなうことも多いが、「適所適材」の考え方とは真逆である。

日本企業でも、この「適所適材」の考え方が徐々に広まりつつある。それは、組織における個々のポジションの戦略性や個別性が高くなってきているということとも関係する。個々のポジションは「誰がやっても変わらない」というわけではない。個々のポジションの戦略性が高まっているからこそ、そのポジションにあった適材を配置しなければならない。日本企業の人材配置のあり方も大きく変わりつつあると言える。

◆ スペシャリスト人材の活用

　3つめの理由は「スペシャリスト人材の活用」である。仕事の高度化とも関連することであるが、スペシャリスト人材の確保・定着は多くの企業の課題である。

　昨今、テクノロジーの進歩が目覚ましく、エンジニアの人材争奪戦は過熱の一途を辿っている。100人の平均的なエンジニアを雇うより、1人の天才的なエンジニアを雇う方が遥かに大きな付加価値を会社にもたらす時代になった。

　従来は日本の人材流動性は低く転職者は少なかったが、いまや転職は当たり前の時代になりつつある。エンジニアだけではなく、腕に覚えのあるスペシャリスト人材はどの企業でも引っ張りだこである。同年代横一線の人事処遇では、このようなスペシャリスト人材を採用し、定着させることはできない。「能力」という曖昧な物差しで、特別処遇をおこなうには限界がある。社内のゼネラリスト人材と一線を画す処遇を付与するために、明確に違いを説明できる「仕事」基軸の人事制度を活用しようという動きである。

　スペシャリストの職務を定義することは、育成という点でも有効である。職務ごとに求められる人材要件が明らかになるため、より精度の高い人材育成が可能になる。

　従来は、スペシャリストの育成は所属部門に委任してきた企業がほとんどであった。所属部門への委任というと聞こえがよいが、実際はOJTによる育成であり、育成方法や効果はブラックボックスとなっていた。OJTによる指導は、先輩社員の経験と勘に頼る部分が大きく、計画的な人材育成は難しい。

　枯渇気味なスペシャリスト人材を増強するためには、従来どおりの育成方法で

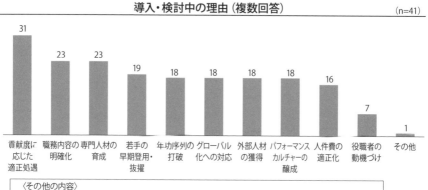

図表2-4　ジョブ型人事制度の導入・検討理由

導入・検討中の理由（複数回答）　　　　　(n=41)

- 貢献度に応じた適正処遇：31
- 職務内容の明確化：23
- 専門人材の育成：23
- 若手の早期登用・抜擢：19
- 年功序列の打破：18
- グローバル化への対応：18
- 外部人材の獲得：18
- パフォーマンスカルチャーの醸成：18
- 人件費の適正化：16
- 役職者の動機づけ：7
- その他：1

〈その他の内容〉
・会社方針での決定　等

出所：コーン・フェリー「ジョブ型人事制度の実態調査」（2020年4-5月）

は心もとない。個々のスペシャリストが果たすべき職務や求められる人材要件を明確にすることで、育成をより計画的かつ効率的におこなおうとする企業が増えている。どこが不足しているかを可視化することで、集合研修などの効果的な育成アプローチを打つこともできる。このようにスペシャリスト人材の活用という側面でも、ジョブ型制度は解決策になり得る。

　コーン・フェリーが行った実態調査において、導入目的で最も回答が多かったのは、「貢献度に応じた処遇」であり、次いで「職務内容の明確化」「専門人材の育成」となっている。

　総じて言えば、これまでの画一的な処遇から脱却して、個々のポストの職務内容に照らして適材を配置し相応の処遇をおこないたいという意志が見て取れる。導入の目的は様々であろうが、「年功序列の打破（適正処遇の実現）」「適所適材の実現」「スペシャリスト人材の活用」という大きな３つの柱は、今後日本企業のジョブ型制度の導入において、中心的な狙いになってくることは間違いない（**図表2-4**）。

非管理職へも広がりつつあるジョブ型制度

◆新卒一括採用・ゼネラリスト育成はジョブ型に馴染まない

　ジョブ型制度の普及度合いは、管理職層と非管理職層で異なる点も特徴的である。これは、新卒一括採用・ゼネラリスト育成という日本型雇用慣行に大きく起因する。

　新卒一括採用は、卒業見込みの学生を対象として、一斉に採用活動をおこなう日本独自の雇用慣行である。この採用手法は、効率的に人員補充が可能になるというメリットがある一方で、育成に時間がかかるというデメリットがある。就労体験のない学卒者のポテンシャルを見極めて採用するため、本人の職業適性を正確に把握することはできない。そのため入社後、複数の職場・職種を経験させながら、成長させていくゼネラリスト型キャリアモデルが多くの新卒入社社員の主流となる。

　異動を繰り返しながら成長させていくゼネラリスト型キャリアモデルとジョブ型人事制度の親和性は低い。ジョブ型人事制度は、その時々の貢献度合いや職責の大きさに応じて格付けや処遇を決める仕組みであり、異動により職務が変わることを前提としていない。日本型のビジネス慣行を踏まえたジョブ型制度のあり方については第3章で詳しく解説するが、ジョブ型制度は日本企業のビジネス慣行とは馴染みにくい仕組みと言える。そのため、多くの日本企業は、対象層を限定しており、従来は管理職に限定して導入する企業が大半であった。

◆ジョブ型で優秀な人材確保を図る

　しかし、昨今では徐々に非管理職にもジョブ型制度を適用する企業が増えてきている。ソニーも非管理職にジョブ型制度を適用する企業のひとつである。ソニーでは、採用の段階から70のコースに分かれ、初任給からジョブに応じて給与格差がつく仕組みになっている。海外企業も含めた人材獲得競争を強く意識しており、優秀な人材を獲得するためには、一律的な初任給の仕組みでは対応できないことを物語っている。事実、試用期間の3カ月が終わった段階で、同期内で

も100万円近い年収差があるオファーも出ているという＊。

　非管理職層にジョブ型制度を展開するうえでは、採用や育成のあり方そのものに踏み込んで変革していく必要がある。それは、日本企業の人材供給を支えてきた新卒一括採用との決別でもある。

　どこまで踏み込むかは企業次第であるが、今後、管理職だけではなく非管理職まで踏み込んでジョブ型制度に切り替えていく企業は出てくる可能性が高いと言えるだろう。

＊出典：2020年4月20日付日本経済新聞「さらば平等、新人から給与格差　ソニーの覚悟」

全面的なジョブ型制度への移行増加

◆ジョブ型導入を阻んできた3つの理由

　ジョブ型制度とは、職務価値に応じて社員に報いていく仕組みであるが、職務価値の反映度合いには濃淡がある。そもそも、人事制度とは、等級・評価・報酬制度の3つの制度から構成されているが、ジョブ型制度は広義の意味では等級・評価・報酬制度のいずれかの制度に「職務価値」という要素を組み込んだ制度を指している。

　狭義の意味でのジョブ型制度とは、等級・評価・報酬制度のいずれの制度も「職務価値」を反映した仕組みを指す。典型的には、人事制度の基盤となる等級制度を「職務価値」によって区分し、各等級に求められる基準をもとにした評価制度、各等級に相応しい報酬制度とし、等級・評価・報酬制度のいずれの制度も「職務価値」を根幹に据えた仕組みを指す。昨今、「ジョブ型制度」と言われているものは、この狭義の意味でのジョブ型制度を指している。海外企業では、「職務価値」の前提として各ポジションに求められる職責を明らかにした職務記述書を持つことが一般的である。このタイプのジョブ型制度は、グローバルで最もスタンダードな職務型制度として定着している。

　しかし、実際のところ、このような純然たるジョブ型制度に二の足を踏む企業はかつて多かった。その大きな理由は、

- 企業文化の変容
- 異動の柔軟性の阻害
- 運用負荷の増大

の3つである。

◆企業文化の変容

　「企業文化の変容」とは、日本企業特有のチームワークを尊重する風土が損なわれることへの懸念である。人事制度とは社員の意識に大きく影響を与える。成果にウェイトを大きく置くと、組織の成果志向は高まるし、プロセスにウェイト

を大きく置くと、組織のプロセス志向は高まる。ジョブ型制度に移行すると、責任感や自立性が高まる傾向にある。この変化は、チームワークが疎かになるということを意味するわけでは必ずしもない。しかし、どのように組織文化が変容するか事前には分からないため、不安の声があがることになる。とりわけ、旧制度で便益を得ている反対派の主張に使われることも多い。

　制度を変えるということは、必ず目に見えない企業文化に影響を及ぼす。ましてや、欧米型のジョブ型制度は旧来の職能型制度の真逆の考え方に近い。そのため、ジョブ型制度への変革を進めるためには、大きなパワーが必要になる。

　現在の企業文化が変容することに対する恐れが制度改定を阻んでいる大きな要因のひとつと言える。

◆ 異動の柔軟性の阻害

　「異動の柔軟性の阻害」は根深い問題である。日本企業は新卒で未経験者を採用し、ゼネラリストとして育成をおこなうことが多い。そのため、社員はどこの職場に行っても、ある程度、上手くこなす器用さを身につける。その慣行は根強く残っており、キャリアの前半期だけではなく、後半期であっても、日本企業における異動は多い。

　もちろん、人材育成のための異動もあるが、欠員補充という意味合いも強い。欠員が出ると、外から探すのではなく、社内で人材を探し、異動することで補充する。また、長期にわたってメンバーが固定化すると組織の停滞感が出てくることもあり、定期的な異動を組み込む企業が多い。

　しかし、ジョブ型制度では、異動に制約が出てくる。職能型制度では、どのような職務についても報酬は変わらないため、制約なく気軽に異動させることができた。それがジョブ型制度では、異動した先の職務に応じて昇降格や報酬変動が起こり得るため、異動時に考慮すべき要素が増えることになる。

　この「異動の柔軟性の阻害」は、日本企業が導入時に人材育成や異動運用も含めて検討しなければならない重要な論点である。

◆ 運用負荷の増大

　「運用負荷の増大」は、ジョブ型制度が敬遠される理由のひとつである。とく

に職務記述書の運用負荷は重い。

　かつて成果主義ブームの際に、欧米企業を倣い、職務記述書を整備した企業も多い。導入時点では、コンサルタントが入り、多大な労力をかけて職務記述書を整備したものの、その後運用できずに形骸化している企業は少なくない。

　また、「職務記述書の整備とメンテナンスはとにかく大変で日本企業では運用できない」という定説がまことしやかに語られることも多い。これは、新たにジョブ型制度を導入しようとする企業の出足を挫くには十分な理由と言える。

　ジョブ型制度の全面的な導入・運用が難しいことから、部分的な制度を導入する日本企業もかつては多かった。部分的な制度導入には２パターンある。

　ひとつは、報酬制度にのみジョブ型制度の考え方を反映するパターンである。

　人事制度の基盤である等級制度は職能等級を残し、役職手当のように職責に準じた手当を別に上乗せする仕組みである。確かに部長・課長などの職責を反映した報酬を支払うことができるが、職責の報酬に及ぼす影響は部分的にならざるを得ない。職務反映部分とその他の部分のウェイト次第ではあるが、場合によっては職責と報酬の逆転も起こりかねない。役職手当の付与は導入がしやすいという点はメリットと言える。しかし、企業や組織への貢献度が高い人材に報いるという点では、十分な仕組みとは言い難い。

　もうひとつは、人材育成・配置転換にのみジョブ型制度の考え方を反映するパターンである。これは、職能資格制度を土台とした人事制度を残し、人材育成や配置転換のためだけに別の等級制度を構築するという考え方である。この等級制度は、「キャリア・グレード」などのように呼ばれることが多く、評価や報酬には影響を与えない等級制度である。

　キャリア・グレードは、過渡期的な位置づけで構築されることが多い。例えば、従来の職能資格制度からジョブ型制度に移行するにあたり、社内から大きな反発の声があがることも少なくない。先々はジョブ型制度に完全移行することを考えつつ、当面、"慣らし"の意味合いも込めてキャリア・グレードからスタートするケースだ。

　また、グローバル・グレードの際にも同種の衝突が起こることがある。いままでは、各国の判断基準で格付けをおこなっていたものを、グローバル全体のバランスを見て格付けをし直すため、当然、色々なポジションで格下げが起こる。海

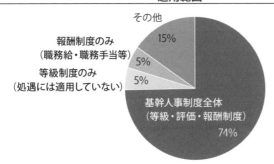

図表2-5　ジョブ型人事制度の適用範囲

適用範囲　　　　　　　　　　　　　　（n=39）

その他
15%

報酬制度のみ
（職務給・職務手当等）
5%

等級制度のみ
（処遇には適用していない）
5%

基幹人事制度全体
（等級・評価・報酬制度）
74%

〈その他の内容〉
・トライアル実施中であり、明確に適用していない　等

出所：コーン・フェリー「ジョブ型人事制度の実態調査」（2020年4-5月）

外社員はポジションの位置づけや処遇に敏感なため、この格付けを推し進めると海外社員の離職が相次ぐことになる。そこで、過渡期的に処遇と切り離したキャリア・グレードを導入するのだ。グローバルにおける各ポジションの位置づけを明らかにし、新規採用者は本来のグレードで採用し、徐々に各国の格付けをキャリア・グレードに近づけ、概ね近似したタイミングで一本化していくのだ。

　このように、現時点で全面的にジョブ型制度を採り入れることで、相当な反発を招くリスクがある際に、段階的措置として、人材育成・配置転換のみにジョブ型制度の考え方を入れることがある。
　コーン・フェリーの実態調査では、ジョブ型制度の適用範囲について約75%の企業が人事制度全体（等級・評価・報酬制度）に適用するという結果であった。すなわち、部分的な導入は少数派であり、多くの企業は全面的な導入としている。部分的な導入のメリットは、導入にあたっての抵抗のハードルを下げることにある。一方で、「職責に応じて報いる」というジョブ型制度の本来の機能は希薄化する。現在、多くの企業が全面的なジョブ型制度の適用をおこなっているのは、導入のハードルが高くとも、本来のジョブ型制度の機能によって得られる便益の方が大きいと判断しているからと見てよいだろう（**図表2-5**）。

第 **3** 章

日本の労働慣行との
ギャップ

日本と海外の労働慣行の違い

　日本と海外では労働慣行が異なる。ジョブ型制度は海外で生まれた仕組みであり、海外の労働慣行に合わせて発展した仕組みである。日本の労働慣行を維持したまま、欧米型のジョブ型制度をそのまま採り入れても、上手く機能しない。

　本章では、そもそも、どのような労働慣行の違いがあり、日本企業はどのように対応すべきかを解説する。

◆ゼネラリスト型キャリアとスペシャリスト型キャリア

　日本企業は、終身雇用・新卒一括採用・ゼネラリスト型キャリアという独特の労働慣行を持つ。一方で海外企業では、実力主義・実績重視採用・スペシャリスト型キャリアという労働慣行になる。この違いは、異動の考え方に大きく影響を及ぼす。

　日本企業では、未経験者をポテンシャル重視で採用し、複数の職場・職種を経験させ、ゼネラリストとして育成することが多い。社員に様々な職場・職種を経験させるゼネラリスト型育成は、日本企業が終身雇用というセーフティネットを持つことで成り立つ部分が大きい。

　海外企業では、各ポジションに最も相応しい経験・実績を持つ即戦力人材を採用・配置する。個々の職場・職種に最適な人材を別の職場・職種に異動させることは稀だ。会社の視点からすると、社内異動で未経験者を配置することは、そのポジションが機能不全に陥るリスクがある。雇用保証がないため、社員側も畑違いの職場・職種へ挑戦を受け入れにくい。海外企業においては、会社と社員の双方にとって、未経験の職場・職種に異動するメリットが見出しにくいのだ。そのため、海外企業では、異動を前提としないスペシャリスト型キャリアが主流となる傾向にある。

　日本企業の労働慣行が最もジョブ型と相容れない点は、「異動を前提としたゼネラリスト育成」と「異動を是としないジョブ型制度」のギャップである。ジョブ型制度は、「職務価値」によって処遇が決まる仕組みであり、ゼネラリスト育

成のためのジョブローテーションと相性はよくない。職責の下がる社内異動をおこなうと、処遇を下げざるを得ないからである。

　日本企業は、職能制度のもとで、都合よく社員を異動させてきた。欠員補充は典型的な例である。一方で、職場のマンネリ化を防ぐというポジティブな効果を得ることもできた。

　ただし、ジョブ型制度のもとでは、都合の良い社内異動はしにくくなることを理解しておかねばらなない。異動と処遇が密接に関わってくるため、制約が増えるのだ。異動が昇格・降格と連動しかねないので、フリーハンドで異動させるわけにはいかなくなる。

◆ 新卒採用における日本と海外の違い

　そもそも、「異動によるゼネラリスト育成」が日本型の雇用慣行に根づいているのは、新卒一括採用という日本独特の人材採用方法を持つからだ。新卒一括採用では、新卒採用者を即戦力として期待して採用するわけではない。将来、自社にとってかけがえのない人材になることを期待して、その潜在能力や可能性を秘めた人材を学卒予定者から採用しようとする。どんなことを学んできたかよりも、人物のパーソナリティーを重視した採用基準になっているのもそのためだ。

　新卒の学生が企業に入社すると、少しずつ仕事が与えられ、徐々に大きな仕事が任されるようになる。そして、単一の職場でスキルを磨くのではなく、数年かけて複数の部署を経験し、ゼネラリストとして教育を受ける。

　ポテンシャルで人材を採用している以上、この育成はある意味当然と言える。本人も自身の従事する職種そのものに強いこだわりをもって就職しているわけではないのが大半である。配属は運次第の要素もあるが、多少、意に沿わない配属だったとしても、様々な職種・職場を経験して成長するための一プロセスという位置づけであれば我慢はできるものだ。

　逆に、配属以降、全く配置転換がないようだと、本人のキャリアに対する納得感は得られないだろう。企業としても、職種適性は未知数のため、社員が実力を発揮できる職種・職場を複数経験させることは有効だ。

　つまり、企業も本人も、「色々試してみる」ということが必要なのである。そのため、複数の職場を経験することは新卒一括採用を続けるかぎり避けられない。

海外では、新卒採用であっても未経験者の潜在能力や可能性を見込んで採用することはない。大学在籍中にインターンシップなどをおこない、十分即戦力としての実績を見極め、初めて採用に至る。採用時点では、本人がどの職種で就労するか、当然ながら合意済みである。入社時点から、職務という考え方がきちんと示され、その職務をきちんと遂行できる人材かどうかが、厳しく問われるのが海外の労働慣行なのである。

　これらの労働慣行の違いを認識せずに、欧米型のジョブ型制度をそのまま採り入れても上手くいかない。日本企業が考えるべきポイントは、労働慣行そのものを変えるか、あるいは制度を上手く変えるかを考えなければならないことと言える。

ジョブ型制度における異動の捉え方

◆ 類似した職種の異動が原則のジョブ型

　ジョブ型制度は、「現在の職務価値」と等価の処遇を実現しようとする仕組みである。そのため、個々の職務に対して、きちんと職務を遂行できる人材を配置する「適所適材」の考え方に基づくのが原則だ。ジョブ型制度において、適材と見込んで採用・配置した人材を全く畑違いの別の職種に異動させることは、「適所適材」の原則に反する。別の職種で異動するということは、新たな職業能力を身につけることが求められる。いきなり応用的な業務をおこなうことは難しく、異動前の職場では高度な判断業務を行っていたとしても、異動後ではレベルを下げた基本的な業務からスタートさせなければならない。つまり、異動には異動コストがかかり、等価処遇のジョブ型制度の原則からすると、全くの畑違いの職種への異動は合理的ではないのだ。

　そのため、ジョブ型制度における異動は、原則として、類似した職種での異動が原則となる。例えば、営業という職種では、同じ営業職のなかで事業所が変わる異動や、営業職と類似性の高いマーケティングなど近似した職種での異動などが中心になる。

　すなわち、ジョブ型制度を運用していると、自然と個々のキャリアもスキルやノウハウが活かせるスペシャリスト型キャリアが本流になっていくのだ。

◆ リーダー人材を育てる仕組み

　スペシャリスト型キャリア中心の社員構成になると、企業全体の効率性は高まる。各職務において高度なノウハウや豊富な経験を持つ人材を配置し、さらにノウハウ・経験を更新・蓄積し続けることができるからだ。

　しかし、経営人材育成の観点からは課題が残る。経営人材は全ての機能を統合した意思決定をおこなう必要があり、ある機能の単線キャリアを歩んできたスペシャリスト人材では難しい。CEOを務める経営者が営業や技術など限られた領域の経験をもとに偏った判断をしていると、企業の舵取りは困難であることは言う

までもない。経営者には複数の領域の経験や事業運営経験等を通じて培った総合的な視点での判断が求められる。まさに、経営者としてのゼネラリスト人材を育成しなければならないのである。

そのためには、経営素養のある人材を早期に見極め、計画的に経験を積ませるような異動・育成計画が必要になる。海外企業で、後継者育成プラン（サクセッションプラン）がいち早く広がったのは、ジョブ型制度の普及度合いと無関係ではない。ジョブ型制度を導入して、成り行きに任せて人事運用を行っていると、スペシャリストに偏った企業になりかねない。次世代の経営のかじ取りができる人材を育てるためには、敢えて"経験のための異動"をさせる必要がある。

あるグローバル企業では、50代前半のCEOを育成するために、40代では子会社等での大きな事業責任者経験を、30代中盤には小さな事業責任者経験を持てるように人材の選別・育成をおこなっている。経営者の素養がある候補者を選別し、意図的に複数の職種を経験させることや、海外法人で現地のマネジメントをさせるといったことを計画的におこなうのだ。これらの異動は、ひとつひとつにキャリア上の意味がある点が重要なポイントである。意味のある異動を積み重ね、次世代の経営を担う強いリーダー人材を育て上げているのだ。

また、これらのリーダー人材が異動することにより副次的な効果もある。異動が少ない組織では同質化した思考に陥るケースが多い。既存の戦略やプロセスを見直すことなく前例主義になりがちである。他領域から来た門外漢のリーダーの方が、既存の戦略やプロセスの綻びを見つけ、改革することが多い。組織が同質化すると慣れや緩みが起こるため、適度に異質な人材を迎え入れることが活性化につながるのだ。

ジョブ型制度においては、スペシャリスト中心のキャリアにシフトしていくことになるが、一方で計画的に将来の経営幹部となるゼネラリスト型キャリアを育成していくことが重要である。

ジョブ型制度を導入する企業にとって、異動とはスペシャリスト型キャリアを前提とした近接領域での異動と経営幹部を育成するための計画的な異動の組み合わせになる。漫然とした異動はなく、全ての異動は意味を持つことになるのだ。

◆日本企業特有の異動の意味

　日本企業における異動を振り返ってみると、大きく２つの意味がある。それは、「育成」と「要員充足」である。

　新卒一括採用を継続する以上、育成のための異動は欠かせない。日本の新卒採用においては、「就職」ではなく「就社」という考えが一般的であろう。新卒入社者は配属時点まで、どのような職種に就くかは分からず、希望どおりの職種に就くとは限らない。むしろ、希望どおりではない職種の方が多い。配属以降、いくつかの職種や職場を経験し、会社側・社員側の双方で上手くフィットしそうな職種・職場を模索することになる。

　基本的には、会社が社員の配属に対してパワーを持ち、社員のキャリア要望がどこまで反映されるかは会社次第である。これは、異動は要員充足という人材育成と違う意味合いも兼ね備えているからである。

　組織を運営するためには、必要な人員数を充足させなければならない。事業成長のために増員しなければいけないこともあれば、退職者の補充をおこなわねばならないこともある。日本企業の社内には、どのような職種でも転換可能な人材が多くいるため、要員充足の最有力な選択肢は他部門からの異動受け入れになるのである。この際に、社員のキャリア意向をきちんと認識できていれば、会社要請と個人のキャリア意向を合わせることができる。

　しかし、実際は社員全員のキャリア意向を把握し、その意向に合わせた要員充足をおこなうことは難しい。多くの日本企業でキャリアの希望を叶えるには、上司や人事部門に働きかけ、相当頑張ってもらわなければ難しいのが実態である。

　日本企業における異動は、育成より要員充足の意味合いが強いのが実態と言えよう。そのため、ひとつひとつの異動に対するキャリア上の意味合いは希薄である。ゼネラリストとして育成するという名目での異動であるが、どのようなゼネラリストに育ってほしいかを示されることは少ない。多くの企業で、ゼネラリスト育成という名目のもと、辞令ひとつで職種転換や勤務地異動を社員に要請していることがそのことを物語っている。

　日本企業は、多くの社員に対して大量の異動をおこない、キャリアのふるいにかけ、結果として視野の広い経営幹部を輩出してきた。このような、異動の捉え

方の違いは、ジョブ型制度を検討するうえで、企業が認識しておく必要がある。いままでと同じような考え方で異動をおこなおうとすると、必ずひずみが出てきてしまう。そもそも、自社における異動政策をどのように捉えるかもあわせて、考え直す必要があるのだ。

新卒一括採用、
ゼネラリスト育成との兼ね合い

◆ 変わりつつある日本の採用市場

　日本企業でジョブ型制度を導入するうえでは、新卒一括採用やゼネラリスト育成と上手く折り合いをつける必要がある。そのためには、新卒一括採用という採用手法を深く考察する必要がある。

　筆者は新卒一括採用には疑問を持ちつつも、現実問題としては今後も日本企業の主要な人材獲得手法として残るだろうと考えている。ただし、新卒採用のあり方もやや多様化の道を辿ると思われる。

　かつては、日本の労働市場は人材の流動性が低く、社外から優秀な人材を中途採用で獲得することは難しかった。そのため、就業経験のない学生を迎え入れ、中途入社者に頼らずとも、社内リソースで上手く融通できるようにする必要があった。未経験者を採用し、どのような職種にでも転換できるゼネラリストを育成することが、労働市場の流動性の低さを考慮すると、企業の人事戦略的にも重要だったのだ。

　このシステムは就業者側にも都合がよかった。ある企業に入社し、社命に沿って働けば、生涯にわたる安定した生活を与えられてきたからだ。「勝ち組」「負け組」という言葉が流行したが、大企業・優良企業に入社することが人生の成功の近道と捉える風潮も後押しとなった。そして、新卒採用は日本社会において教育機関や家庭も巻き込んだ一大イベントへとなっていったのだ。

　しかし、社会環境や労働市場は徐々に変化してきた。優良企業であっても、変化の波にさらされ、存続そのものが危うくなることも少なくない。日本の中途市場もオープンになり、第二新卒やキャリア採用などは増加しつつある。かつては、中高年の転職は難しかったが、経験豊富なシニア人材の転職市場も活況だ。社員にとって、自社以外にキャリアの選択肢は格段に増えてきている。

　また、かつては勤めている会社以外の企業情報はブラックボックスであったため、他社と自社を比較することは難しかった。しかし、いまや他社情報はオープンになりつつある。Open Workなどのクチコミサイトから、競合他社の組織風

土などを窺い知ることができる。転職エージェントや転職サイトに登録すれば、自身の市場価値も容易に知ることが可能である。社員にとって、自社を客観視するための機会が格段に増えているのだ。社員側の転職に対するハードルも以前より下がってきていることは言うまでもない。

◆新卒一括採用が今後も続く理由

日本社会における人材流動性は高まりつつあるため、日本企業が新卒一括採用にこだわらなければならない理由は少なくなっている。しかし、やはり多くの日本企業は新卒一括採用を今後も継続するであろう。なぜなら、新卒一括採用というシステムは、企業側が主導権を握り、大量に人材を獲得できる効率的な人材採用手法だからだ。

企業は社員の集団であり、当然ながら毎年、年を取っていく。定年者や中途退職者が出るため、人員補充の必要性は少なからず出てくる。会社が中長期に成長するためには、定期的な人材補充は必要不可欠と言える。未経験者が入社することで、先輩社員は基礎的業務から解放され、応用業務や指導業務にシフトできるという副次的効果も期待できる。

計画的な人員確保という点では、第二新卒やキャリア採用は、あくまでも求職者に主導権があり、新卒一括採用には劣る。第二新卒やキャリア採用では、求職者が「転職したい」と思わないかぎり、採用活動はスタートしないからだ。企業からすると、「待ち」の採用活動である。また、第二新卒やキャリア採用で人材確保ができるのは、採用競争力のある企業に絞られる。大企業やB to Cを事業領域に持つ企業など、一般認知度の高い企業ほど採用競争力は高い。一方で、中小企業や一般認知度の低い企業にとっては、厳しい戦いと言える。

新卒一括採用は、良い意味で企業と学生の相互の思惑が一致している。企業は持続的成長のため、一定の人員数を確保しなければならない。学生は卒業後に収入と就労場所を確保しなければならない。需要と供給のニーズがピッタリ合っているのである。教育機関や家庭の学生に対する「就職プレッシャー」も相まって、企業にとっては都合の良い環境と言えるだろう。

社会全体が一斉に就職モードになるため、企業にとっては効率が極めてよい。人材が就職に動く時期に合わせて求人広告を打てば、応募は十分に期待できる。

　もちろん、採用競争力の高い企業が応募を集めるのは仕方がないが、人気企業の就職枠は限られており、採用競争力の低い企業にも十分に人材獲得のチャンスはある。このような背景を考えると、日本企業が新卒一括採用を完全に廃止するとは考えにくく、今後も、新卒一括採用は主要な人材獲得手法として位置づけられるであろう。

◆新卒一括採用における変化の兆し

　ただし、新卒一括採用のあり方も徐々に変わりつつあるのは事実である。2022年春に卒業する学生から大企業でも通年採用をおこなうことで、経団連と大学側が合意した。新卒一括採用は応募期間を限定した採用であるが、通年採用では年間を通じた応募が可能になる。これにより、本質的に大きく新卒採用のあり方が変わるわけではないが、門戸は広がり、学生の選択肢も増えていくであろう。

　インターン採用なども増えてきている。日本企業のインターンシップは、長くても2〜3日の体験型のインターンが中心ではあるが、短時間の面談でのみ判断していた従来型の選考プロセスとは大きく一線を画す取り組みと言える。

　職種別採用などに踏み切る企業も増えている。とくに人材獲得競争が激しい高度なデジタル人材には、画一的な初任給ではなく、以前からは信じられないくらいの高額スタートの初任給を払う企業も出てきており、このような流れは加速するだろう。

　これらの変化は、新卒一括採用が主流として残りつつも、多様化の方向へ向かっていることを示唆している。これらの動きを把握しつつ、自社の人材採用や育成のあり方を踏まえて、人事制度は描くべきである。

　コーン・フェリーでは、多くの企業の人事制度構築を支援しているが、現段階では新卒一括採用を継続する企業が多い。新卒一括採用をおこなう以上、一定期間は異動を前提としたゼネラリスト育成をすることは欠かせない。ジョブ型制度を導入するうえで、これらのポリシーを改めて踏まえ、設計を進めることが重要である。

日本企業にマッチするジョブ型制度の構築・運用ポイント

◆ 職能型からジョブ型へシフトしていくハイブリッド型の制度

　新卒一括採用を継続する多くの日本企業で導入する制度はハイブリッド型である。下位等級は職能等級制度とし、上位等級は職務等級制度を適用するパターンである。

　未経験で入社する新卒社員を一定期間は育成期間として位置づけ、柔軟にローテーションをおこないながら、育成していく。職能等級制度では職務と処遇は切り離されているので、育成期間中は異動を気軽におこなうことが可能である。また、これにより組織要請による要員補充も一定、可能になる。前述のように日本企業では、慣習的に組織要請による増員や欠員補充は社内人材から充当されてきた。増員や欠員補充の核となる層はメンバー層である。下位等級を職能等級制度にすることで、未経験者の育成とともに要員充当のための人材プールを持つことができるのだ。

　一方で、社員が成長し、上位等級に昇格すると、職務等級へとシフトする。育成ステージは終わったものとし、職責に見合った処遇とするのである。これにより、企業は社員に対して、より大きな職責を担うことを促すことができる。育成期間が終わった管理職層には、実力でポストを掴み取る勝負の世界を実現していきたいという考えの表れである。社員は育成ステージの期間中に、ある程度のキャリアの道筋をつけ、上位等級では強みを活かしたキャリアパスとなっていく。

　管理職層以上になると、会社にとっても組織要請を踏まえつつ、本人の能力やキャリアも考慮したうえでの、意図ある異動でなければならない。会社にとっては、改めて異動のあり方を問われることになる。

　欠員を補充するために、畑違いの部長で補充するといったことは、いままでの日本企業では少なからず起きていた。しかし、このような人事は会社にとっての便益は少ない。個々の業務が複雑化・専門化していくなかで、組織の業務を十分に理解できていない責任者に判断を委ねるのは難しいからだ。職責に応じて、報

酬を支払う以上、ただ椅子に座っているだけの人材に高い報酬を払うのはコスト以外の何物でもない。そのため、欠員補充を主目的とした「意味合いの希薄な異動」は管理職以上ではなくす方が望ましい。

ジョブ型制度においては、個々の経験を活かせる異動や将来を見込んだキャリア上で意味のある異動にシフトすべきである。管理職以降は、研究系なら研究・開発系、営業系なら営業・マーケティング系と比較的近接した領域での単線型異動により、スキル・経験が活かせる異動が中心になっていくだろう（**図表3-1**）。

繰り返しになるが、これらのスペシャリスト型キャリアが主流となることを見込み、経営者素養のある人材を計画的に異動・育成する後継者育成プラン（サクセッションプラン）も別途検討する必要があるだろう。

どこで、職務等級と職能等級の線引きをするかというと、管理職あるいは管理職一歩手前の監督職あたりが現実的であろう。昨今の潮流では、一般社員まで含めて職務等級の導入を検討する企業も出始めているが、新卒一括採用・ゼネラリ

図表3-1　ハイブリッド型の人事制度

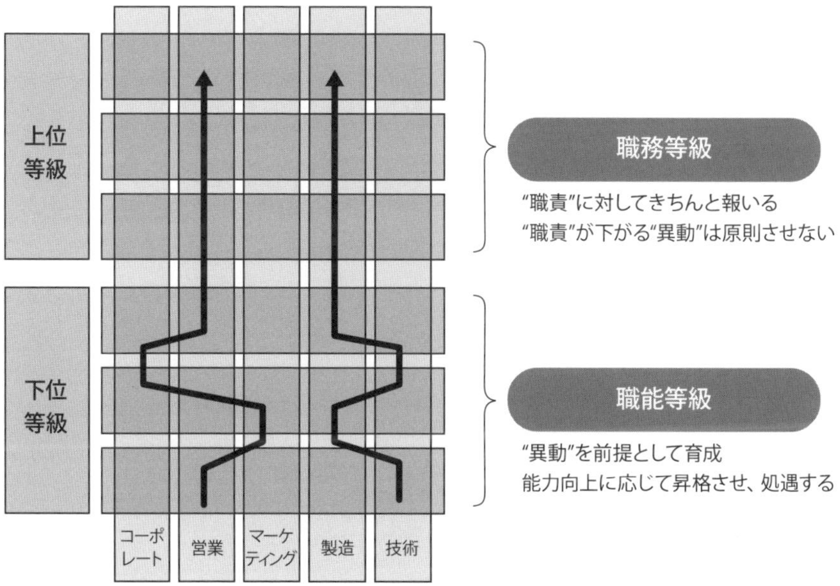

上位等級

下位等級

コーポレート　営業　マーケティング　製造　技術

職務等級
"職責"に対してきちんと報いる
"職責"が下がる"異動"は原則させない

職能等級
"異動"を前提として育成
能力向上に応じて昇格させ、処遇する

スト育成との兼ね合いを考えなければならない。

　一般社員まで含めたジョブ型制度を導入する企業では、欧米型に近い人材マネジメントが必要となる。昨今、「ジョブ型採用」と称されるが、入社時点で職務や職種を合意し、基本的にスペシャリスト型キャリアを前提とする人材マネジメントである。この場合、経営人材を計画的に育成する後継者育成プラン（サクセッションプラン）が必要なことは言うまでもない。

　一朝一夕に異動・育成の枠組みを変えることは困難であろうことを考慮すると、今後もジョブ型を管理職あるいは監督職以上に絞って適用する企業が主流派となるだろう。

◆ 異動の柔軟性を考慮した等級区分

　ジョブ型制度を導入する以上、「意図なき異動」をすべきではないという点は原則論である。ただし、原則論だけでは、組織を運営することはできない。とくにジョブ型制度を導入してからしばらくは、人員補充を目的とした異動は一定数起こることを想定しておくのが自然だ。そのため、日本企業でジョブ型制度を導入するにあたっては、異動をある程度柔軟にできる仕組みとしておく必要がある。この解決策のひとつは、異動頻発層に対する等級の共通化である。

　例えば、本社の経理課長と工場の経理課長を比べたときに、担当領域の幅や難易度の点で本社の経理課長の方が高い位置づけのことは多い。しかし、本社と工場の経理の一体運用や人材育成・ネットワーク強化をおこなうために、本社と工場の経理課で人事交流をすることが望ましいケースも多い。このときに、本社の経理課長と工場の経理課長が異なる職務等級だと、柔軟な人事異動をおこなうことはできなくなる。そのため、異動が制度導入後も多く発生することが予測される層については、等級の共通化を検討する必要がある。

　様々な企業でコンサルティングを行っている実感としては、課長層あたりは、本人の強みが活かせる類似する職種での異動をある程度柔軟にできるよう見込んでおいた方がよいだろう。

　ただし、職務等級の共通化は、難しい問題である。職務等級を細かく区分すると、職務価値を強く反映した処遇を実現することができる一方で、異動の柔軟性は阻害されることになる。職務等級を大括り化すると、異動の柔軟性を高めるこ

とができるが、職務価値の処遇への反映度合いを弱めてしまう。これは、「職務価値の処遇への反映」と「異動の柔軟性の確保」という相矛盾する要件を解決しようとしているからである。

「職務価値の処遇への反映」は、本来の職務等級制度の機能そのものである。「異動の柔軟性の確保」に配慮して大括り化し過ぎると、本来の導入目的を果たせなくなる。

実際に、過去に大括り化し過ぎてしまい、職務等級制度の意味合い自体が希薄化してしまったため、改めて等級区分を見直すケースも少なくない。相矛盾する要件ではあるが、上手い着地点を模索することが重要なポイントと言える。

◆ 戦略的な組織設計・人材配置を可能にする体制・プロセス

職務等級を導入すると、組織設計と異動に対する戦略の重要性が増す。まず、職務等級の導入により組織設計と人材配置が歪まないようにしなければならない。

職務等級制度は、組織設計や職務価値と処遇が密接に関連づく仕組みになる。歪みとは、戦略的に無意味な意思決定のことである。典型的な例は、部下の処遇を下げないために、組織を増設するような組織設計である。本来、10人くらいの課がひとつあれば十分なものを、2～3人の課を複数作ってしまうようなことだ。

人材配置についても同様である。本来は、ポジションに求められる人材要件に合致した最適な人材を配置することが望ましい。まさに「適所適材」のアプローチである。しかし、部下の処遇を下げないために、多少の「不適合」であっても配置し続けることは「ありがち」なことである。

ジョブ型制度を入れても、年功的な人事運用に陥る現象は、このような組織設計と人材配置の歪みから生じる。ジョブ型制度とは、職務価値に応じて報いていく仕組みであり、ヒトではなく椅子に値段をつける仕組みである。椅子を無理やり増やしたり、相応しくない人材を椅子に座らせたりすると、本来の狙いと反した運用となる。ジョブ型制度を導入し、本来の目的どおりに運用するためには、組織設計や人材配置を牽制・統制する体制・プロセスが必要不可欠なのだ。

これまでの日本企業では、組織設計や人材配置は、人事部ではなく、事業部門が権限を持っていることが多かった。職能型制度では、組織変更や人材配置が直

接、社員の処遇とは関係なかったことも大きい。しかし、職務型制度では、組織変更や人材配置が社員の処遇と直結するため、いままでどおり事業部門に任せきるという運用は健全ではない。昇格格や昇降給が事業部門の意向次第になると、全社としての整合性や客観性が保てなくなるリスクがあるからだ。人事部も組織設計や人材配置への関与度を高めて統制をしていく必要がある。

　例えば、経営陣や事業部門の責任者から構成される組織・人事委員会を立ち上げ、決定権限をその機関に移管することなどが有効である。現業部門に組織設計や人材配置の権限を置いたままにせず、一定の牽制・統制が利くようにするのだ。

　人事部の機能も、組織・人事に対する参謀役に進化しなければならない。体制を整えても、声の大きな役員に押し切られるようであれば運用の健全性を保つことはできない。トップマネジメントを巻き込んで、合理的な意思決定ができる体制へとシフトさせるのだ。そのなかで、人事部は組織・人事の専門的見地から、組織設計や人材配置への提言ができるようになる必要がある。

　そのためには、人事部門は事業部門同様に組織・人に関する理解を深めていなければならない。ビジネスパートナーとして事業部門の人事施策を支援することや、幹部研修や多面評価などを通じたヒトの情報を把握するように努めることが望ましい。人事部門は組織設計や人材配置の歪みを見抜き、上手く適切な人事運用になるようリードしていくことが大切なポイントと言える。

　このような体制・プロセスづくりは、長期的な視点からも重要である。前述のように、職務等級を導入すると、類似した職種での異動を中心とした単線型のキャリアパスが主流となる。しかし、それでは次世代の経営人材を育てることは難しくなる。次世代のCEOを育てようとすると、主力事業だけではなく、複数領域の事業や機能の経験が必要になる。

　そのため、経営人材となる後継者育成プラン（サクセッションプラン）を構築・運用する必要性がある。経営人材の素養がある人材は、敢えて経験を積ませるという考え方だ。組織・人事委員会のような体制を構築できれば、経営人材育成プランの運用はしやすくなる。次世代経営幹部候補のリストが共有でき、貴重な経験を積めるポジションの人材配置を統制することができるからだ。

　本書では、ジョブ型制度における運用体制・プロセスについて第8章で取り扱うので詳細は後述する。ただ、このような運用体制・プロセスは日本企業が日本

的労働慣行を踏まえ、ジョブ型制度を企業に馴染ませるために必要不可欠であることを改めて強調したい。

　本章では、ジョブ型制度と日本企業の労働慣行のギャップを踏まえ、日本企業で導入するためのポイントを解説してきた。次章以降では、ジョブ型制度の具体的な構築方法とその中身について解説を進める。

第 **4** 章

ジョブ型制度における
等級制度

ジョブ型制度の根幹をなす職務等級

　この章から、ジョブ型制度の具体的な設計方法について、等級・評価・報酬の順番で見ていく。まず、人事制度の特性を決定付け、人事制度全体の根幹をなす等級制度について解説する。

◆ ポストに焦点を当てる「職務等級」、ヒトの能力を格付けする「職能等級」

　ジョブ型制度における等級制度は、一般に「職務等級」と呼ばれる。職務等級を簡単に説明すると、個々のポストを職務価値に応じて序列化し、等級に格付けるというものである。そして、この職務等級ごとに給与の水準が決まってくる。このことは、職能型制度における「職能資格」（あるいは「職能等級」）と対比すると理解しやすい。

　職能型制度では、職務遂行上で求められる能力、すなわち職能の高低によって等級への格付けを決めるのが本来的な趣旨である。しかし、ヒトの能力を客観的に判定するのが困難であるため、社歴や年次によって格付けを決める年功序列的な運用になりがちである。多くの導入企業が社歴や年次による運用をしているが、本来の思想はヒトの能力に着目して格付けるものである。

　これに対して、ジョブ型制度の職務等級は、ヒトではなくポストに焦点を当て、その価値の高低に応じて格付けるものだ。職務等級と職能等級では、等級設計の論理が180度異なっている。

　職能等級では、ヒトの能力を判定することがカギになっているように、職務等級においてはポストの職務価値の判定が何より大事な要素となる。

◆ 職務価値の2つの意味合い

　ここで、職務価値について少し考えてみたい。職務価値は2つの視点から語ることができる。

　1つめは、社内における重要性である。企業内には、様々なポストが存在している。人事部長、経理部長、営業部長といったように、同じ部長という名称でも

組織の数だけ様々な部長ポストが存在している。これらのポストを、企業内での重要性という角度から眺めてみようとするのが職務価値の考え方だ。人事部長ポストと経理部長ポスト、どちらの方が自社の経営にとって重要なのか、この問いに答えるのが職務価値の測定である。違う見方をすれば、現職者が職責を果たせなかった場合に、会社によりダメージを与えるポストはどちらか、ということになる。

　2つめの視点は、人材市場での希少性だ。ジョブ型制度においては、職務等級が高いポストに就いている人ほど、報酬の水準が高くなる。職務価値が高いポストに対して十分な資質を有した人材を確保・定着させようとすると、それ相応の報酬を支払わなければならない。人材市場の観点からすると、希少性の高い領域は職務価値や報酬水準は相対的に高くなる。希少性の高い領域は、人材市場の評価も織り込んで、職務価値の測定をおこなう必要がある。

　昨今、日本企業ではデジタル化が大きな経営テーマとなり、高度なデジタル技能を持った人材の市場価値が高騰している。これに応えるように、ジョブ型制度を導入しようとする企業では、CDO（Chief Digital Officer）やDX（Digital Transformation）担当部署におけるポストの職務価値が高いものとして測定される。これらは、ポストの職務価値が、そこに就く人材の市場における希少性と、表裏一体の関係にあることを端的に表している。

職務評価とは

◆職務評価の２つの方法

　このように、社内における重要性と市場における希少性を踏まえ、各ポストの職務価値を測定する行為を「職務評価」と呼んでいる。社内に存在する各ポストの職責を評価し、職務価値を判定していくのである。職務評価の方法は、大きく「直観法」と「要素比較法」とに大別される。

　「直観法」とは言葉どおり、直観的に職務の価値を判断する方式である。具体的には、各ポストについて、総合的な見地から意思決定者が感覚的に序列化する。

　この方式は、手間やコストを大幅に省くことが可能ではあるが、社員への説明責任を十分には果たしにくい。また、意思決定者が個々の職務を熟知していなければならないため、小規模組織に適用が限られる。

　そのため、多くの企業では「要素比較法」を採用している。要素比較法とは、職務の価値を構成する要素を分解し、要素ごとに基準に照らして職務価値を測定する方法である。

　要素比較法で職務を評価する場合、要素ごとの基準を定めた物差しが必要となる。職務評価で使用するこの物差しは、コーン・フェリーをはじめとした組織・人事コンサルティング各社から提供されている。細かいところには、各社の方法論で違いはあるものの、基本的な構造や仕掛けは共通している。それは、各社の方法論の源流が同じものだからだ。現在、世の中に流布している職務評価の方法論は、コーン・フェリーの手法であるヘイ・ガイドチャート法（64ページ参照）が起源となっている。これ以降、職務評価という行為の意味を深く知るうえで、ヘイ・ガイドチャート法が生まれた歴史的な経緯について紹介する。

◆ヘイ・ガイドチャート法の歴史と概要

　ポストの職務価値を測定するヘイ・ガイドチャート法は、ヘイグループ（コーン・フェリーの前身のひとつである組織・人事コンサルティング会社）の創始者、エドワード・ヘイによって1950年代にアメリカで開発された。この時代の

アメリカは、公民権運動が展開された時期にあたる。銀行に勤めていたエドワード・ヘイは、同じ仕事をしているにもかかわらず、肌の色が違うというだけで処遇が異なる行員がいる状況を問題視していた。

ジェンダーや肌の色にかかわらず、同じ仕事をしているのであれば、同じ処遇がなされるべきではないか、そうした均等処遇の思想を持っていたエドワード・ヘイは、職務の大きさこそが人の処遇を決める要素であるべきと考え、職務価値を測定する手法を生み出そうとした。それが現在のヘイ・ガイドチャート法の前身である。

近年、ここ日本でも同一労働同一賃金の政策がジョブ型制度の呼び水となっているが、その根底思想にあるのはエドワード・ヘイが持っていた均等処遇の精神と同じものである。

人の属性は関係なく、担っている職務の価値の大きさに応じて処遇、つまり報酬の多寡を決める。その価値の大きさを測定するための物差しが、ヘイ・ガイドチャート法なのである。職務評価の方法論を解説するにあたり、あらゆる手法のなかで最も古く、全ての起源となっているこのヘイ・ガイドチャート法を具体的に取り上げて見ていきたい。

ヘイ・ガイドチャート法は、正式には『ヘイ・ガイドチャート・プロファイル法』という名称である。これは、この方法論が『ガイドチャート』機能と、『プロファイル』機能からの2つから構成されているからである（図表4-1）。

それぞれの機能を要約すると、ガイドチャート機能はポストの職責を大きく3つの要素に分解して評価し、職務価値を点数としてはじき出すものと言える。もうひとつのプロファイル機能の方は、算定した点数の妥当性を検証する機能である。職務価値を点数化するとともに、その点数の妥当性まで検証できる点が、ヘイ・ガイドチャート・プロファイル法固有の最たる特徴である。

次に、それぞれの機能についてもう少し踏み込んで話を進めていきたい。まずは、ガイドチャート機能でどのように職務価値を測定して点数化していくのか、その評価要素と点数の算出ロジックを紹介する。

◆ガイドチャートの評価要素

ガイドチャートは、「どのような業種のどのようなポストであっても、同じ物

ヘイ・ガイドチャート法の概略

- ヘイグループが開発した、職務の大きさを客観的に測る手法
- 業種・職種が異なる場合でも、仕事の大きさを数値化・比較することが可能
- 現在、フォーチュン500社のうち半数以上が利用している、グローバルで標準的な考え方

ヘイ・ガイドチャート法の構造

どんな職務であっても、「1. 必要な知識・経験を使って」「2. 問題を解決し」「3. 責任を全うする=アウトプットを出す」という考え方に基づき、職務の大きさを測定

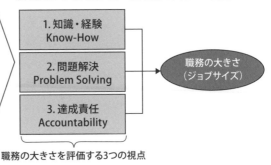

職務の大きさを評価する3つの視点

差しで職務価値を測ることが可能である」という考え方に立って作られている。

どのようなポストであっても、知識と経験をもとに問題を解決し、何らかの成果を創出するプロセスに変わりはないと捉えて、このプロセスを要素分解している。

「求められる知識と経験（Know-How）」「問題解決（Problem Solving）」「達成責任（Accountability）」の3つが、ガイドチャートの基本となる評価要素である。すなわち、職責を3つの要素で評価し、要素ごとに点数を出していくのだ。

職務評価を経験すると、この3つの要素の組み合わせがなかなかに秀逸であることに気づく。研究職と営業職という、全く性質の異なる職務であっても、ガイドチャートという同じ物差しで測ることができる。通常、高い専門性を要する研究職は知識と経験（Know-How）の点数が高くなる傾向があり、明確な数値目標が課される営業職は達成責任（Accountability）の点数が高くなる。

要はポストの性質の違いが、重きを置かれる要素の違いになって現れるという手法上の特徴がある。

◆ガイドチャートの8つの評価軸

ガイドチャートでは3つの要素ごとに点数を算出し、その合算が職務価値を表

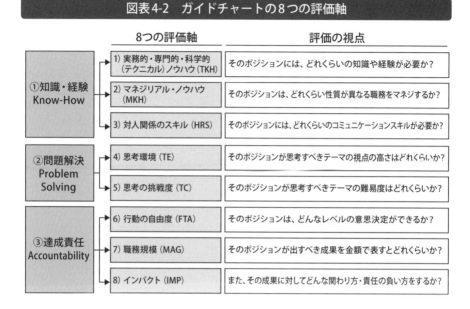

図表4-2　ガイドチャートの8つの評価軸

8つの評価軸	評価の視点
①知識・経験 Know-How 1) 実務的・専門的・科学的（テクニカル）ノウハウ（TKH）	そのポジションには、どれくらいの知識や経験が必要か？
2) マネジリアル・ノウハウ（MKH）	そのポジションは、どれくらい性質が異なる職務をマネジするか？
3) 対人関係のスキル（HRS）	そのポジションには、どれくらいのコミュニケーションスキルが必要か？
②問題解決 Problem Solving 4) 思考環境（TE）	そのポジションが思考すべきテーマの視点の高さはどれくらいか？
5) 思考の挑戦度（TC）	そのポジションが思考すべきテーマの難易度はどれくらいか？
③達成責任 Accountability 6) 行動の自由度（FTA）	そのポジションは、どんなレベルの意思決定ができるか？
7) 職務規模（MAG）	そのポジションが出すべき成果を金額で表すとどれくらいか？
8) インパクト（IMP）	また、その成果に対してどんな関わり方・責任の負い方をするか？

す数値となる。この合算点を「ジョブサイズ（Job Size）」と呼んでいる。点数の算出にあたっては、レベルが刻んである8つの評価軸で職責を測る。

　構造としては、①知識と経験（Know-How）、②問題解決（Problem Solving）、③達成責任（Accountability）の3要素が、さらに細かな8つの評価軸に分解される形となっている。

　これより、3つの要素と8つの評価軸との対応と、各評価軸の内容について概説する（**図表4-2**）。

①知識と経験（Know-How）
ポストに求められる知識や経験を問うこの要素は、3つの評価軸に分解される。
1）実務的・専門的・科学的ノウハウ
ポストに求められる専門性や経験の幅広さと深さを評価する軸である。技術開発のようにある特定分野で深い専門性が求められるのか、経営企画のように全社的な知識が薄く幅広く求められるのか、といったように、幅広さと深さの面積で評価するイメージとなる。

2）マネジリアル・ノウハウ

そのポストがどの程度、異質な機能をマネジするのかを評価する。性質の異なる機能を統合するとなると、機能間で発生する利害相反に対処するための技能が必要で、これを評価するのが趣旨である。製造と販売とでは利害対立が往々にして起こり、事業部長はその間に立って調整と統合を図らねばならない、といった内容を考慮するための評価軸である。

3）対人関係スキル

そのポストに就いている現職者が必要とされるコミュニケーションのスキルを問うものである。相手に自分の考えを説明できるレベルであればよいのか、自分の意図に沿って相手を動機づけるレベルが必要なのかというように、説得や交渉のスキルレベルと言っても差し支えない。

②問題解決（Problem Solving）

ポストが解決すべき問題の度合いを評価するのがこの要素であり、2つの評価軸から構成される。

4）思考環境

そのポストで思考すべきテーマの視点の高さを評価する軸である。具体的には、取り扱うテーマが戦略レベル、戦術レベル、業務レベルのいずれなのかを判定する。社長ポストは経営戦略を思考するのに対し、課長ポストは年間活動計画など一種の戦術を思考する、といった具合に評価判定をおこなう。

5）思考の挑戦度

思考すべきテーマの難易度を見る。過去を振り返れば解決策が見つかる問題であれば低いレベル、どこにも解決策が見当たらず、自ら創り出さねばならない問題であれば高いレベルになる。世界初となるような、新規性の高いビジネスモデルを生み出すべきポストとなれば、最高の評価がつく。

③達成責任（Accountability）

この要素は、その名のとおり達成すべき責任の重さを問うもので、3つの評価軸から成る。

6）行動の自由度

そのポストが有する権限の大きさを評価する軸である。そのため、通常は組織の上位ポストの方が高いレベルになる。

7）職務規模

そのポストが生み出すべき成果の大きさを金額に換算して評価する。指標は何でもよいが、金額は年間でのものを用いるのが通例である。分かりやすい例をあげると、営業では年間の売り上げ目標を、生産では年間の生産目標を指標として使うのが一般的である。一方、人事や経理など、間接機能に用いる指標と金額はそう簡単ではなく、職責の内容と兼ね合わせての検討を要する。

8）インパクト

これは「7）職務規模」とあわせて考える評価軸となる。この評価軸では、職務規模で見た成果を表す金額に対する責任の負い方を評価する。直接的に全責任を負うのか、間接的に貢献する責任を負うのか、といったレベル定義になる。ある事業部長ポストで考えると、事業部の売り上げ目標に対して直接的に全責任を負う形になり、人事部長ポストで考えると、全社の売り上げ目標に間接的に貢献する責任を負う形になるだろう。

以上が8つの評価軸の内容である。それぞれの軸には何段階かのレベルが刻んであり、レベル基準に基づいてポストを評価する。1）「実務的・専門的・科学的ノウハウ」を例に取ると、A〜Hまでの8段階のレベルが刻まれている。そしてレベルごとに必要とされる専門性や経験の度合いが基準として定義されている。評価者は、職務記述書に書かれている内容などをもとに、基準に照らしてそのポストのレベルを判定するのである（**図表4-3**）。

こうして見ると、上位のポストの方が全ての評価軸で高いレベル判定になると考える向きもあるかもしれないが、実はそうとも言い切れない。

組織構造上、2）「マネジリアル・ノウハウ」や6）「行動の自由度」などは、上位ポストの方が下位ポストよりも高いレベルとなるのが通例である。

図表4-3 「実務的・専門的・科学的ノウハウ」のレベル定義

評価レベルと定義

	レベル	目安	定義
A	Basic	実務経験や訓練によって修得できるレベル	単純な定型的業務を遂行するのに必要とされる、基本的な実務知識・技能を持つ。特別な経験は必要なく、簡単な説明を受ければすぐに実行できるレベルのノウハウが求められる
B	Introductory		標準化された方法に従い、定型的な仕事をこなす。事務作業に必要な通常の道具や機器を使用できる。短期間の経験や訓練で身につけられるレベルのノウハウが求められる
C	General / Process / Procedural		業務に習熟しているとともに、仕事の進め方や手順を工夫したりできる。また、高度な機器や道具の使用もできる。中期的 (2-3年) な経験や訓練によって身につくレベルのノウハウが求められる
D	Advanced		仕事の進め方や手順を熟知しているだけでなく、その仕事に関する慣行や先例、背景にある原理や理論をある程度理解している。長期間 (5年から10年) かけて身につくような、熟練したノウハウが求められる
E	Professional	実務経験に加え、理論的・概念的知識が求められるレベル	専門家と言われるように熟達している。仕事場での習熟だけでなく、専門教育機関での学習が必要な場合もある。仕事のことは何でも知っている。ある専門分野については専門書が理解できる
F	Seasoned Professional		仕事に関する慣行や先例、背景にある原理や理論を深く、広く理解している。ある専門知識については、自分なりの考え方、批判ができる
G	Comprehensive Professional		社内では誰もが権威者として認め、仕事に関わる慣行や先例、背景にある原理や理論をほぼ完全に理解している。独自の専門理論、モデルを作り出せる
H	Authoritative		社内だけでなく、社外でもその分野において世界的権威として認められる、高度の科学的・学問的な知識を持っている。高度な専門領域で、専門家にも高く認知される知識と造詣が求められる

　一方で、部下の専門性が上司を上回ることが期待されることも十分にあり得るため、1）「実務的・専門的・科学的ノウハウ」などは、上位と下位で同レベルになることもあり、稀に上司と部下で逆転することもあり得る。技術分野などで、高度な技術ノウハウを必要とする部下ポストとマネジメントへの専念を求められる上司ポストなどをイメージするとよいだろう。

◆ガイドチャートにおける点数算出のロジック

ガイドチャートでは、3つの評価要素ごとに点数を算出する。知識と経験（Know-How）は460点、問題解決（Problem Solving）は230点、達成責任（Accountability）は400点というように各要素で点数を出し、それらを合計した1090点が職務価値の大きさを表すジョブサイズになる。各要素の評価軸でレベルを判定していくと、自動的にその要素の点数が出てくる仕組みになっている。

知識と経験（Know-How）を例にあげると、「実務的・専門的・科学的ノウハウ」はFレベル、「マネジリアル・ノウハウ」はⅢレベル、「対人関係スキル」を3レベルと判定すると、この要素の点数は528点というように自動算出される。他の要素も、基本は同様の組み立てになっている（**図表4-4**）。

ここで注目いただきたいのが、ガイドチャート上の点数の刻み方である。100、115、132といった形で、単純な等差にはなっていない。実は、この点数の刻み方に、この物差しの核となる概念が隠されている。ガイドチャートの点数の刻みは、100点を起点にした15%の等比数列になっている。この15%に意味がある（**図表4-5**）。

ガイドチャートでは、100点を起点にした15%の点数差を「ステップ・ディファレンス」と呼んでおり、15%の差異を1ステップ、30%の差異を2ステップとい

図表4-4　点数算出のロジック

ガイドチャート	あるポストの職務評価結果

ガイドチャート

職務規模
求められ　1　2　3　4　5

思考の挑戦度
求められ　1　2　3　4　5

マネジメント・ノウハウ
Ⅰ　Ⅱ　Ⅲ　Ⅳ　Ⅴ
実務的・専門的・科学的ノウハウ　A B C D E F G
1 2 3　←対人関係のスキル
→ 528

あるポストの職務評価結果

ノウハウ　　F Ⅲ 3　　　　528

問題解決　　F 4（50%）　264

達成責任　　E 4 P　　　　350

ジョブサイズ　　　　　　1142

う具合に規定している。この概念は、人間が物事の差異を認識できる最小の単位は15%であるという、ウェーバーの法則に基づいたものである。すなわち、ポジション間の点数差が15%、1ステップ以上なければ、職務価値が異なるとは言えない。

　職務評価を行って点数が出ると、ポスト間で3点、4点といった微細な差異が生じることがあるが、この点数差だけでは職務価値が異なるとは言えないのである。

◆ 検証機能としてのプロファイル

　先に、ヘイ・ガイドチャート・プロファイル法は『ガイドチャート』と『プロファイル』の2つの機能から構成されると述べた。プロファイルは、ガイドチャートで算出した職務価値の点数、つまりジョブサイズの妥当性を検証するための機能である。妥当性の検証とは、そのポストの特性に照らして、8つの評価軸の判定内容の合理性を見ることを意味する。

　1940年代に開発されて以降、ヘイ・ガイドチャート・プロファイル法によって相当数の企業において、数え切れないポストが評価されてきた。その長年の蓄積によって、職務特性あるいは職種に応じた評価内容のパターンというものが経験則的に導き出されている。事業責任者であればこうしたパターン、財務責任者であればこうしたパターン、という具合である。プロファイルは、職務評価の評価内容と、経験知によるパターンとの照合によるチェック機能だと思っていただくとよい。

　プロファイルは、ガイドチャートを用いてポストを評価すると自動的に生成され、P1、A3といった記号で表される。この記号は、3つ要素の内で問題解決（Problem Solving）の点数と、達成責任（Accountability）の点数を比較し、どちらがどれだけ大きいかを示している。簡単に言うと、個々のポストが①問題解決重視の職務か、②達成責任重視の職務かを可視化するものである。

　例えば、問題解決の点数が100点、達成責任の点数が132点のポストがあるとする。この場合、達成責任の方が32点大きく、その英語名称であるAccountabilityの頭文字、Aをまず取る。次に、132点と100点との比較になるが、ここは単純な点数差ではなく、100点を起点とした15%の等比数列、ステッ

図表4-5　ガイドチャートのイメージ：知識と経験（Know-How）の例

THE HAY GUIDE CHART FOR EVALUATING
KNOW-HOW

●●●対人関係スキル──→

●●マネジリアルノウハウ（MANAGERIAL KNOW-HOW）

	T. Task 目的や内容が極めて特定された業務を遂行する。他者の管理は要求されない。			I. Activity 目的や内容が特定された仕事を、他の仕事との関連に留意しつつ遂行、あるいは監督する。			II. Related 目的や性質が比較的同じ仕事のグループを統率し、同時に関連する他部門との調整をする。			III. Diverse 目的や性質が異なるいくつもの機能の統合、もしくは組織ユニット間の調整をする。		
	1	2	3	1	2	3	1	2	3	1	2	3
A PRIMARY： 単純な定型的業務を遂行するのに必要とされる基本的な実務知識・技能。これらは簡単な教育訓練によって習得できる。	38	43	50	50	57	66	66	76	87	87	100	115
	43	50	57	57	66	76	76	87	100	100	115	132
	50	57	66	66	76	87	87	100	115	115	132	152
B ELEMENTARY VOCATIONAL： 標準化された複雑でない定型的業務についての習熟、もしくは単純な機器の操作についての習熟。	50	57	66	66	76	87	87	100	115	115	132	152
	57	66	76	76	87	100	100	115	132	132	152	175
	66	76	87	87	100	115	115	132	152	152	175	200
C VOCATIONAL： 実務遂行上の諸手続き、あるいはシステムについての熟知、もしくは専門的な機器を容易に操作しうる技術。	66	76	87	87	100	115	115	132	152	152	175	200
	76	87	100	100	115	132	132	152	175	175	200	230
	87	100	115	115	132	152	152	175	200	200	230	264
D ADVANCED VOCATIONAL： 特定の領域・分野の仕事での幅広さ、あるいは奥深さを持った専門的な（理論的なものではない）知識・技能。これらは実務経験の積み重ねや専門的な教育訓練によって得られる。	87	100	115	115	132	152	152	175	200	200	230	264
	100	115	132	132	152	175	175	200	230	230	264	304
	115	132	152	152	175	200	200	230	264	264	304	350

●実務的・専門的・科学的ノウハウ

プ・ディファレンスを用いる。

132点と100点とでは30％の開きがあるため、2ステップ分の違いとなる。Accountabilityの方が2ステップ分大きいので、A2というのがこのポストのプロファイルである。A2は、頭を悩ますよりも、短期的な結果が求められる色彩が強いポストであることを示唆している。

反対に、問題解決の点数の方が大きい場合には、Problem Solvingの頭文字、Pをまず取ることになる。Pのプロファイルになる場合、短期的な結果よりも、長い目線での思考が必要なポストであることを意味する。

なお、問題解決と達成責任の点数が同点のときには、同水準の意であるLevelの頭文字、Lというプロファイルになる（**図表4-6**）。

プロファイル単体では、評価の妥当性は検証できず、経験則との突き合わせをしなくてはならない。コーン・フェリーの長年の経験から、通常この職種はこのプロファイル、といった対応関係が分かっている。とにもかくにも結果を出すことが第一義であるCEOや営業職などはA4、明日の成果よりも長い時間軸でイノベーションを生み出すべき基礎研究職などはP4というように、問題解決と達成責任との相対比較によって職種が分布している。自分で評価した結果を、この経

図表4-6　プロファイルの求め方		
問題解決(P)＞達成責任(A)	問題解決(P)＝達成責任(A)	問題解決(P)＜達成責任(A)
問題解決(P)の点数 132	100	100
↕2ステップ	↕0ステップ	↕2ステップ
達成責任(A)の点数 100	100	132
プロファイル P2	L	A2

験則に照らし合わせることで、職務価値判定の妥当性を検証するわけである。

　ここまでで、職務評価の方法論について述べてきた。この手法はジョブ型制度を設計するにあたって、基本中の基本となる道具ではあるものの、決してそれ以上のものではない。ポストの職務価値を決めるための基準に過ぎないという点を、くれぐれも忘れないでいただきたい。

　ヘイ・ガイドチャート・プロファイル法を使えば自動的に、かつデジタルにポストの職務価値が点数として算出されるわけではない。職務評価とは、ある物差しを当てつつ、ポストの価値について議論を尽くし組織としての意思決定を下すことなのである。職務評価が意思決定を伴う行為であることを、そのプロセスを通じて解き明かしていきたい。

職務評価の実際のプロセス

◆職務評価の4段階のプロセス

　あるポストの職務評価をおこなうには、通常は4段階のプロセスを経る形になる。このプロセスを時系列に並べると、次のとおりとなる（**図表4-7**）。

　①職務情報の収集

　②職務記述書の作成

　③職務評価案の作成

　④職務評価の確定

　企業経営のトップポストである社長（もしくはCEO）であれ、経理課長のポストであれ、その職務価値を正しく評価して判定しようとすれば、そのポストの情報を多角的に把握する必要がある。その情報をもとにして、ジョブ型制度に特徴的な存在である職務記述書を作成し、職務評価をおこなううえでの前提を整備する。そして、職務評価の技能を有する人間が、職務記述書を主な材料として職務評価の案を作成する。

　ここで言う評価案とは、ヘイ・ガイドチャート・プロファイル法などの職務評価手法に則り、各評価軸のレベルを仮決めして、そのポストの評価点を一旦算出することを意味する。つまり、経営陣が最終的な意思決定を下すための素案を作成するのである。この素案を受けて経営陣が討議し、最終的な評価点を確定する。

　最初のプロセスである①職務情報の収集と、次の②職務記述書の作成は、切っても切り離せない表裏一体のプロセスである。当たり前のことではあるが、職務

図表4-7　職務評価のプロセス

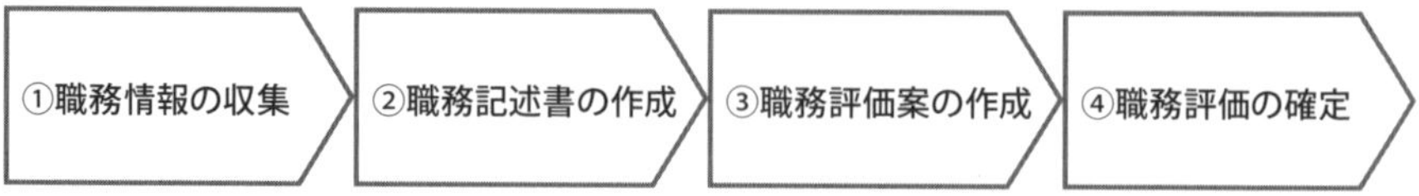

①職務情報の収集 ＞ ②職務記述書の作成 ＞ ③職務評価案の作成 ＞ ④職務評価の確定

記述書に織り込むべき項目と、収集すべき情報とは密接に関わり合っている。

　これらのプロセスを論じるためには、職務記述書について子細に解説する必要がある。日本企業にとって、職務記述書の作成は職務評価と同じ位に難易度が高い作業である。そのため、職務記述書については後ほど丁寧に論じていきたい。そこで職務情報の収集と、職務記述書の作成に関する手順や要点も触れることにする。

　本項では、作成された職務記述書に基づき③職務評価案を作成し、④職務評価を確定させるプロセスに焦点を当てて進める。

◆職務評価案の作成プロセス

　「③職務評価案の作成」とは、経営陣が評価点の最終決定を下すにあたっての素案作りを意味している。職務評価には一定の技能や経験が必要になるため、通常は訓練を積んだ人事部署に属する社員が評価案の作成を担う。企業によっては、職務評価専任の人事部員を置いているところもある。いくら客観的な基準を用いて評価するといっても、職務評価は完全なサイエンスではなく、最終的には解釈を伴う人間の判断を要する。従って、経験の積み重ねがものを言う場合も多い。ジョブ型制度の運用経験がある企業で、職務評価の専任者が置かれることがあるのはそのためである。

　このプロセスでは、前段階で整備した職務記述書を主な情報源に、職務評価の手法を用いて職務価値を測定する。この評価案の作成にあたっては、重要な点が2つある。

　ひとつは、1）評価対象ポストへの経営からの期待値を明確にすることである。もうひとつは、2）評価案の根拠を明らかにしておくことである。

　どうしてそれらが重要なのかについて、これから述べていく。

1）ポストに対する期待値の明確化

　繰り返しになるが、職務評価は職務の価値を測定するものである。職務は職責という言葉に置き換えることができる。職責とは、各ポストに対して企業の経営陣が期待する役割を指す。この期待役割が明確になっていなければ、職務評価の前提が緩いものとなってしまう。

　通常、評価案を作成するにあたっての基礎材料は職務記述書である。後ほど詳

しく述べるが、職務記述書の主な項目のなかに成果責任というものがある。成果責任は、そのポストが期待される成果を生み出す責任であり、そのポストが果たすべき役割が記述される。

職務記述書中の成果責任に、評価対象ポストに対して経営が期待する役割が書かれることになるのだが、その記述内容が不十分なケースも出てくる。そうした不十分なケースとは、そのポストの役割に関して実態が大部分を占めてしまい、期待値が反映できていない場合である。企業の戦略や組織は固定的、普遍的なものではない。経営環境が変われば、それに適応すべく企業戦略は変更され、それに従って組織構造や期待値も変わっていく。

そのため、各ポストの役割も決して永遠不変のものではあり得ない。期待される役割は戦略や環境の変化に伴い、変えていかなければならないのだ。そのことを忘れてしまうと、ポストの成果責任は従前の実態ベースでの記述となってしまう。

例えば、昨今では人事部長ポストについて、その成果責任が議論の的になることが多い。かつての人事部の役割は、必要数の採用をおこない、社員の公正な評価と処遇を実現し、的確な労務管理をおこなうことが主であった。もちろん、現在でもそれらは人事部に求められる役割であり続けているが、近年ではもっと積極的に組織・人事戦略を策定し実行していくという、攻めの役割を経営から期待されることが増えてきている。欧米の先進企業にならい、経営者の参謀ポストであるCHRO（Chief Human Resource Officer）としての役割を、人事部長に求める日本の企業も増えてきている。その場合、人事部長ポストの成果責任には、従前からの役割に加えて、より戦略色の濃い役割が記述されるべきである。

ここでは人事部長ポストの例を取り上げたが、戦略や環境変化を反映した新たな期待役割が職務記述書中に十分に反映できていないケースが多い。従前の期待役割をもとにした職務価値の判定では、正しい職務価値の測定にならないため、期待値を補足する何らかの手段が必要になる。

その補足手段として一般的なのは、対象ポストの上位者に対するインタビューである。具体的には、職務記述書をもとに、そのポストへの期待値が成果責任に正しく反映されているかを、上位者に確認していく。もちろん、上位者の全てが全て、対象ポストに対する経営からの期待役割を語り切れるわけでもない。そう

した場合には、さらにその上位者へインタビューをおこなうことになる。インタビューで得た情報をもとに、職務記述書中の成果責任を修正し、評価案の作成に向けた前提を堅固なものにしていくのである。

2）評価根拠の明示

もうひとつ、このプロセスにおいて重要になるのが、評価案の根拠を形として残しておくことだ。

代表的な職務評価の手法であるヘイ・ガイドチャート法の解説箇所で詳しく見たように、評価案の作成では、8つの評価軸それぞれについて、対象ポストのレベルを判定していくことになる。それぞれの評価軸をどのレベルで判定したかも大事だが、何を根拠にそのレベルと判定したかという、評価の根拠も等しく重要である。

もし、評価の根拠が明確なものでなければ、どれだけ思案してレベルを判定したとしても、傍から見れば感覚的な評価と受け取られかねない。

評価根拠の具体的なイメージを掴んでいただくために、ここではヘイ・ガイドチャート法の8つの評価軸のうち、「マネジリアル・ノウハウ」を一例として取り上げる。「マネジリアル・ノウハウ」は、そのポストがどの程度、異質な機能をマネジするのかを評価する軸である。互いに利害相反が起こり得る異質な機能をマネジするポストほど、判定レベルが高くなる。

例えば、レベル定義に即してある事業部長をⅢのレベルと評価したとする。その理由は、この事業部長ポストは配下に生産・開発・販売の3機能を有しているからである。販売側は顧客から要望があった期間内にオーダー数を用意したいと主張するのに対して、生産側は品質や生産キャパシティーの問題から、それだけの期間内にその数量を生産することは不可能として、機能間での対立を起こすというのはよくある話だ。販売と生産、お互いが役割を果たそうとして利害相反を起こしており、事業部長は全体最適の視点から両者を調停しなければいけない。この内容こそ、評価の根拠である。

評価案の作成者は、上記のように、それぞれの評価軸の判定レベルとあわせて、そのレベルと評価した根拠となる事実をしっかりと書き留めておかねばならない。その理由は、次のプロセスにある。次に待っているのは、経営陣による職務評価の確定である。ここでは、評価案をもとに、経営陣の議論を通じて各ポス

トの評価点を確定させなければならない。経営陣が有意義な意思決定をおこなう
ためには、評価案に根拠が明示されている必要がある。根拠が明確になっていな
ければ、事実に立脚した議論が不可能になり、何となく高い、低いといった直感
や印象に引きずられた判断になりかねない。もし、そうした感覚的な意思決定で
職務価値が決まるようなら、ジョブ型制度の根幹が崩壊してしまう。この点を念
頭に置いて、評価案の作成者は素案作りに臨むべきである。

　ここまで、「③職務評価案の作成」について解説をしてきた。

◆職務評価の確定プロセス

　次いで、「④職務評価の確定」についてのプロセスを取り上げたい。

　経営陣が職務評価を確定させるプロセスには、２つのパターンがある。

　ひとつは、特定個人（社長あるいは人事部長）が意思決定し、個々に調整をお
こなうパターンである。

　そしてもうひとつは、経営トップと主要な役員が参画する「職務評価委員会」
という会議体を組成し、そこで議論と調整をおこなうパターンである。職務評価
は本来、多角的な情報をもとに合意形成をおこなうものであり、委員会形式が望
ましいと言える。特定個人の見立てによる判断で決めるのではなく、経営陣が議
論を尽くして合意を形成することで、経営陣のジョブ型制度に対する認識度や理
解度も上がっていくことが期待される。

　いまでは日本にも職務評価がかなり浸透したので、誤解は解消されてきたが、
かつては職務評価と言うと、コンサルティング会社が自動的に点数を算出するも
のだと思い込まれている風潮があった。職務評価というのは、決してデジタルに
職務価値を点数化するものではない。ある普遍的な物差しを使って、そのポスト
の職責を論じ、価値の大きさについて経営が意思決定を下す行為である。この点
を念頭に置くと、職務評価委員会の重要性がお分かりいただけると思う。

　職務評価委員会では、冷静な経営判断を下すことが趣旨であるが、最初は委員
が皆同じ目線と基準で議論できるかというと、決してそういうわけではない。と
くに、これまで職能的な制度運用をしてきた企業では、ジョブ型制度の原則であ
るポストについてではなく、人そのものの議論になってしまう。

　さらには、高低の判断が、委員個々人の経験や哲学に依存したものとなり、議

論が噛み合わないことも稀ではない。生産的な議論と意思決定を促そうとすると、職務価値を判断する基準を浸透させていく必要がある。職務評価手法の評価軸を議論のルールとして位置づけ、その枠内で経営判断がおこなわれるようにしていくことこそ、職務評価を確定させるにあたっての最重要課題と言える。

　ただ、制度の構築段階においては、役員間のリテラシーやジョブ型制度への改定に対する反応も様々なため、委員会方式をとらずに、社長が意思決定するというケースも日本企業では多い。

　自社の役員層の受け止め方やリテラシーなどを考慮し、「特定個人方式」とするか、「委員会方式」とするかは慎重に検討いただきたい。

職務評価の留意点

ここまでは、職務評価のプロセスについて述べてきた。しかし、このプロセスを経ていれば必ず正しい評価ができるというものではない。ジョブ型制度をその趣旨どおりに導入して運用するために、評価者が常に留意しておくべき点がいくつかある。これから述べるのは、その留意点のなかでもとくに大事なものだ。

◆ポストと人の未分離

日本企業では、「ポスト」とそこに就く「人」とを分離させて考えることが難しい。あるポストの職務価値を測定しようとすると、どうしてもそのポストに就いている現職者の顔や特徴が浮かび上がってきてしまう。そして、元来はポストに期待される職責について論ずるべきところが、現職者ができていること、できていないことの議論になってしまいがちである。これでは、およそ職務の評価とは言えない。

日本企業でポストと人の分離が進んでいないのは、日本型雇用に原因がある。日本型雇用の特徴は、新卒一括採用、終身雇用、年功型の賃金が代表格にあげられる。そして、この3つの特徴の根幹にあるのは、"人"を起点とした人事の発想にある。日本型雇用の本質を一言で表現すると、「まずは人ありき」になる。社員個々人を見て、その人の特徴や能力を勘案して仕事を与えるのが、大まかに言えば日本企業のやり方である。

つまり日本型雇用の発想は、「まずはポストありき」のジョブ型の考え方とは正反対と言ってよい。ポストが先にあって、そこに適した人材を当てはめるのではなく、先に人があって、その人に合った形にポストの中身を調整するのが日本企業の通例になっている。従って、ポストは人に従属する要素となっており、両者を分離して考えるのが極めて困難なのである。

ポストと人の分離が進んでいないという点は、ジョブ型制度の導入だけでなく、運用においても相当に注意が必要である。両者の分離ができるか否かが、ジョブ型制度の運用の成否を決める要素だと言っても決して過言ではない。昔か

ら「人ありき」の組織運営が染み付いている日本企業では、一旦はポストと人を分離させて職務評価を行ったとしても、放っておくとすぐに元の双方不可分な状態に戻ってしまう。そうすると、せっかく導入したジョブ型制度が形骸化するのは目に見えている。

　日本型からジョブ型への組織的な発想の転換は、そうそう容易なことではない。しかし、ジョブ型制度を導入するうえで、その努力を怠るわけにはいかない。職務評価においては、評価を主導する人間が常にいくつかの問いを投げかけて、ポストと人の分離を試みる必要がある。

　①現職者の顔は浮かんでいないか？

　②そのポストに標準的に求められる職務の内容か？

　③後任者に期待する職務の内容になっているか？

　上記３つの問いは、いずれも現職者の属人性を排除して、評価対象になっているポストそのものに焦点を当てさせようとするものである。様々な角度から、ポストの職務内容にのみ議論を集中させるような問いを投げかけ、少しでも人との分離を進めていくべきである。

◆期待値と実態値の乖離

　もうひとつ、職務を評価するうえでの大きな留意点は、ポストに対する期待値と実態値の乖離である。

　先にも触れたが、ポストの職責を明確に規定することが職務評価の大前提となる。当然ながら職責が変われば、評価の結果も変わってくる。ジョブ型制度の特質上、職務評価は各ポストに対して経営が期待する職責をベースにしておこなうものである。要するに、期待値を是として評価を実施すべきものだ。

　しかし、ここでひとつの争点になるのが、期待値と実態値との乖離があまりに大きい場合に、どの地点に着地させるかである。

　少し具体的に話を進めたい。どんな企業にも、職責に関して期待値と実態値が乖離しているポストというものが多かれ少なかれ存在する。例えば、新規事業に関するポストなどがその代表的な存在である。ある新規事業部長のポストに対して、３年後には売り上げ100億円を創出するのを経営が期待しているとする。と

ころが、現状を見るとまだまだ仕込みの段階にあり、新規事業の売り上げは20億円にも満たない。この場合、本来は期待される職責、売り上げ100億円を達成すべきポストとして職務評価をおこなうべきである。しかし、現状との乖離が大きい場合、期待値を前提にすると評価が過度に高ブレしてしまうリスクがある。

ジョブ型制度は、職務評価の点数が高いポストほど、その現職者には高い報酬が与えられる仕組みになっている。そのため、先述の新規事業部長のケースでは、現状は20億円の売り上げも実現できていないのに、将来の100億円を前提とした報酬を支給する、という形になる。職務評価の原理原則に則れば、これは間違いではなく正しい姿ではある。

より正確を期すると、現職者が期待を満たした場合には、職務評価の結果に基づく高い報酬が約束されるが、もし期待値である売り上げ100億円を達成できなかった場合には、年度の業績評価が低いものとなり、賞与などが十分に支給されず、結果としてそれほど高い報酬水準にはならない。とはいえ、賞与での調整には限界があり、過分気味な報酬となりがちである。

そのため、こうしたポストは必ずと言ってよいほど議論を生む。こうしたケースに対処するには、まず職責の期待値と、現状の姿との差分がどれ位あるのかを明らかにして、どの程度の期間でその差分を埋めていくのかを決するのが重要である。この2点を踏まえることで、段階的に職務評価を見直し、評価点を引き上げるという現実的な対処が可能になる。

先ほどの新規事業部長の例に戻ると、事業計画上では2年目に売り上げ50億円、3年目に100億円という計画値が設定されていたとする。現状の売り上げは20億円弱しかないため、一気に100億円を前提とした職務評価をおこなうと差分が大き過ぎて納得性が低い。そこで、当面は2年目の計画値である50億円を念頭に置いて評価点を算出し、3年後に本当に100億円を実現できる状況になっていたら、その際に改めて職務評価を見直す、といった段階的な措置を講じる。こうした対処法であれば、職務評価の原理原則から大きく逸脱せずに済み、かつ一定の納得感を生むことができる。

この対処法は、職務評価に携わる者であれば必ず知っておくべきひとつの技法だと言えよう。

職務評価を踏まえた等級体系の構築

◆等級区分の刻み方

　職務評価を行っただけでは職務等級はできあがらない。各ポストの職務価値を点数化した後に、等級区分を設ける必要がある。職務価値を点数化したその素点を、コーン・フェリーでは「ジョブサイズ」と呼んでいることはすでに述べたとおりだ。このジョブサイズを一定の刻みで括って、等級に区分を設けていくのである。ジョブサイズの刻みをどれ位の間隔とするのかによって、職務等級の段階数が変わってくるため、その刻み方はとても重要な論点である。

　ジョブサイズの刻みを考えるにあたり、コーン・フェリーではマックス・ウェーバーが提唱する認知学の理論を応用している。マックス・ウェーバーの理論では、人間が認知できる最小の単位は15％とされている。大きさであれ、重さであれ、双方に15％の違いがなければ、人間はその差異を認識することができない。この理論に則って、コーン・フェリーはジョブサイズを15％の刻みで括

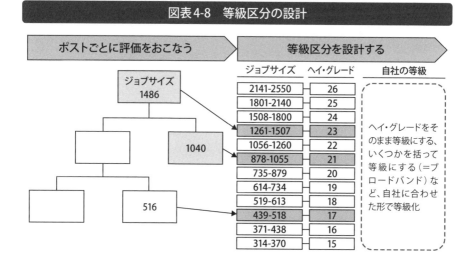

図表4-8　等級区分の設計

り、汎用的な等級区分と言える「ヘイ・グレード」を設定している（**図表4-8**）。

　各企業が職務等級を設計する際に、このヘイ・グレードを議論の出発点として、自社なりの等級区分を検討することが多い。ヘイ・グレードを最小単位として、そのまま自社の等級区分とするのか、より大きく括るのかを検討するのである。

◆ 異動の問題をどう捉えるか

　日本企業において、等級区分や段階数を考えていくうえで欠かせない視点は、異動の柔軟性である。

　日本企業は新卒採用、終身雇用という日本的労働慣行を前提としたゼネラリスト型キャリアが主流になっている。管理職であっても、様々な理由で異動をするのが日本企業の実態である。等級段階を細かく設定すると、それだけ職務価値の違いに応じた形で報酬を支給するのが可能になるが、柔軟な異動の阻害要因となり得る。異動によって頻繁に報酬の上下動が起こるようになると、社員の動機維持が困難になるからである。

　そのため、異動が頻発する層を見極め、その層は柔軟な異動を阻害しないように等級を括って、共通化した等級段階として設定することが必要になる。このポイントは、第3章でも触れたが、日本企業においてジョブ型制度を導入する際の最重要なポイントのひとつのため、改めて詳しく解説したい。

　等級段階を広く括ることを「ブロードバンド化」と呼ぶが、その括りには注意が必要である。確かに、等級段階をブロードバンド化することにより、異動の柔軟性を担保することは可能になる。その反面、職務価値に応じた報酬という意味合いは希薄化する。かつてブロードバンド化したものの、広く括りすぎてしまったために、かえって社員の意欲を減退させてしまったという企業も見られた。

　ブロードバンド化によって異動はさせやすくなったものの、その範囲内であれば高い職責を担っても等級・報酬が変わらないため、より高い職責を担うことへの意欲喚起がしにくくなるのである。

　「職務価値に応じた報酬」と「異動の柔軟性」は相反する要件になる。残念ながら万能な解法は存在しないものの、両方の要件の充足度を慎重に見極めながら、うまくバランスをとって制度を構築することが大切である。

◆スペシャリストの処遇をどうするか

　もうひとつ、ジョブ型制度の等級体系という文脈において、近年の日本企業では欠かせないテーマがある。スペシャリストの処遇に関する問題である。

　繰り返しになるが、日本企業はゼネラリスト育成を志向してきた。社員に色々な仕事を経験させて、どんな職務でも遂行できる人材、最終的には経営を担う人材を育て上げようとして、人事ローテーションという仕組みを作り上げてきたのである。昨今では、グローバルに戦える組織を作るためには、より専門性が高い人材を育てていかなければならないと、これまでのゼネラリスト育成を見直そうとする動きも出てきてはいるが、現状ではまだ一部に止まっている。

　しかし、明確にスペシャリスト型のキャリア形成が必要な職種がいくつか浮上してきている。例えば、今日のデジタル・トランスフォーメーションの流行によって、AIなどの高度なデジタル技術を有する技術者の需要がかつてないほどに高まっている。こうした高度なIT技能職は、明らかにゼネラリストを育成する過程からは生まれてこない。すでに活躍している人材を社外から中途で採用するか、相当に高い資質と技能を持った学生を選びに選び抜いて採用する以外に人材確保の方法はない。

　中途採用であれ新卒採用であれ、高度なIT技能を有する人材を採用するためには、他社に負けない魅力的な報酬を用意しなければならない。これまでの日本企業における人事制度であれば、高度専門職という職種を別途設けて、その他の職種とは等級と報酬の体系を分けることにより、高い報酬を支給する論理性を確保する形になる。こうした別の等級体系を設ける仕立てを高度専門職制度、あるいはスペシャリスト制度などと呼んできた。

　職務等級では、このような高度専門人材の取り扱いは議論の分かれるところである。本来的には、どのような職務であっても、職務価値という基準で違いを認識することができる。多くの職務はゼネラリスト中心の日本社会では、市場報酬水準に多少の違いはあるものの、一定の範囲内におさまっている。しかし、希少性の高い職種の市場水準は明らかに高騰が起きつつある。例えば、高度なIT人材には初任給1000万円近い金額を払う企業も出てきている。

　職務等級の構築は、「等級数」×「職種」の２軸で考える必要がある。とくに、市場水準の高い「職種」の獲得・定着を必要とする企業においては、特定の職種

は異なる報酬体系を持つことも必要であろう。このあたりの解説は、第6章の報酬制度で詳しくおこなうこととする。

　職務等級制度における高度専門人材の取り扱いは、従来の職能等級制度におけるスペシャリスト制度とは異なる。近年、スペシャリストの典型として挙げられることが多いデータ・サイエンティストの例で考えてみたい。

　ジョブ型制度下では、データ・サイエンティストにおけるポストの職責が、まず職務記述書でもって明文化される。そのうえで、職務評価を通じてそのポストの職務価値を測定する。従来は、「高度な能力を持つこと」をもって特別な処遇をおこなってきたが、今後は「データ・サイエンティストとして高度な業務をおこなうこと」をもって処遇を決めていくのである。従来の専門職制度と比べると、より職務そのものに焦点を絞ることとなる。

　スペシャリストの処遇という問題に対し、職務等級はひとつの解を提示するものである。職務等級を導入することで、漠然とした期待値ではなく、明確な職責を示し、スペシャリストの活躍を促すものになるだろう。

職務記述書とは

　職務等級を作り上げるためには、これまで見てきたように職務評価を実施する必要がある。職務評価のプロセスを時系列で辿ると、①職務情報の収集、②職務記述書の作成、③職務評価案の作成、④職務評価の確定という順番であった。

　ここからは、職務価値を測定するための土台固めとも言える、①と②のプロセスについて詳細に論じていきたい。なかでも重要な役割を果たす職務記述書を中心に置いて解説していく。

◆職務記述書に盛り込む内容

　そもそも職務記述書とは、個々のポストの職務内容を明文化して、職務評価の基礎材料に位置づけるべきものである。つまりは、職務を評価するために必要となる各種の情報を網羅する形になっていなければならない。

　そのため、職務記述書には大きく分けると3つの内容を盛り込むのが通例である。そのポストの職責を明確に記した1）成果責任、現職者に必要な技能や能力を規定する2）能力要件、3）職務評価に向けた職務情報の3つである。様々な職務記述書の様式が存在するが、おおよそこの3つの内容を網羅していると考えてよい（**図表4-9**）。

1）成果責任

　成果責任（アカンタビリティ）こそ、職務記述書の中心に据えるべき重要な内容である。成果責任とは、そのポストにおいて「期待される成果を生み出す責任」を指し、「逃れられない責任」とも言える。大切なポイントは課業ではなく、責任で捉えることである。例えば、採用マネージャーの課業は、募集媒体の選定から応募者の選定、面接のアレンジ、合否連絡など多岐にわたる。

　しかし、責任で捉えなおすと、「経営・事業から求められる人員について採用活動を通し、質・量ともに充足させる」という成果責任に集約することができる。課業は状況が変われば柔軟に組みなおすことが求められるが、成果責任は戦略や体制が変わらなければ基本的には変わらないものである。

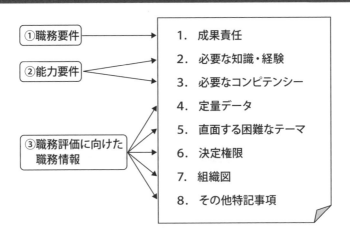

図表4-9　職務記述書の項目

①職務要件	1.　成果責任
②能力要件	2.　必要な知識・経験
	3.　必要なコンピテンシー
③職務評価に向けた職務情報	4.　定量データ
	5.　直面する困難なテーマ
	6.　決定権限
	7.　組織図
	8.　その他特記事項

　職務記述書には、そのポストが負っている成果責任をできるだけ漏れなく記載しなければならない。網羅的な職責の洗い出しのために、いくつかの枠組みを使用することができる。ビジネスプロセスなどの時系列、バランス・スコアカードなどの成果種別、職務のアウトプットとプロセス分けなど、網羅性が担保できるものであれば基本的に何でもよい。

　例えば、営業部門の管理ポストの場合、その職責が売り上げの拡大のみとなってしまわぬよう、他の重要な組織運営や部下育成の責任を明文化できるようにしておく。コーン・フェリーの経験に基づくと、どんなポストであっても成果責任は8〜10程度になる、というのがひとつの目安である（**図表4-10**）。

2）能力要件

　職務記述書上の能力要件は、職務評価の際に参照する情報となるだけでなく、そのポストに社内外から人材を登用する際の判断基準とするものである。分かりやすく言うと、企業が中途採用をおこなう際に告知している応募要項のイメージに近い。能力要件の一般的な項目としては、必要な知識や技能、経験、専門資格、能力などがあげられる。知識や技能、経験、専門資格は、外形的で具体的に記述ができるが、能力となると誰が見ても同義に受け止める形で記述するのが存外難しい。そこで、コンピテンシーのような方法論を用いるのが一般的である。

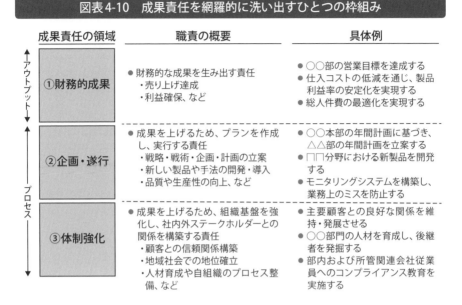

図表4-10　成果責任を網羅的に洗い出すひとつの枠組み

成果責任の領域	職責の概要	具体例
①財務的成果 （アウトプット）	●財務的な成果を生み出す責任 ・売り上げ達成 ・利益確保、など	●○○部の営業目標を達成する ●仕入コストの低減を通じ、製品利益率の安定化を実現する ●総人件費の最適化を実現する
②企画・遂行 （プロセス）	●成果を上げるため、プランを作成し、実行する責任 ・戦略・戦術・企画・計画の立案 ・新しい製品や手法の開発・導入 ・品質や生産性の向上、など	●○○本部の年間計画に基づき、△△部の年間計画を立案する ●□□分野における新製品を開発する ●モニタリングシステムを構築し、業務上のミスを防止する
③体制強化	●成果を上げるため、組織基盤を強化し、社内外ステークホルダーとの関係を構築する責任 ・顧客との信頼関係構築 ・地域社会での地位確立 ・人材育成や自組織のプロセス整備、など	●主要顧客との良好な関係を維持・発展させる ●○○部門の人材を育成し、後継者を発掘する ●部内および所管関連会社従業員へのコンプライアンス教育を実施する

　コーン・フェリーが開発した、あらゆる職種に適用可能なコンピテンシーには約40の種別があり、それぞれが評価の基準を持っている。例えば戦略的思考というコンピテンシーがあるが、単に高い低いだけだと人によって解釈が異なってしまうところ、具体的な評価基準があることで、誰もが統一の目線を持つことができる。こうしたコンピテンシーを用いると、能力要件をより具体的に記述することが可能になる。

3）職務評価に向けた職務情報

　職務評価をおこなうにあたっては、成果責任や能力要件の内容に加えて、いくつかの情報が必要になる。評価の基礎情報として、それらも職務記述書中に記述しておく。代表的なものに、「定量データ」「直面する困難なテーマ」「決定権限」などがあるが、これらを織り込んでおくのが一般的である。

　定量データとは、そのポストの職責に関係する数値情報のことで、部下の数や、売り上げや利益の年度予算、投資金額などがある。これらは、職責という定性的な情報を補完しボリュームのイメージを持つうえで役に立つ。

　直面する困難なテーマでは、そのポストが取り組んでいる中長期的なテーマの

なかで、最も難易度が高いと思しきものを記述する。主観的な判断でも構わないので、具体的なテーマの例があれば、現職者の頭の悩ませ方が想像できる。

決定権限で把握したいのは、実態としてそのポストで決められることが何か、という点である。多くの企業には決裁権限規定に類するものがあり、そこに決裁可能な金額などが書かれているが、組織運営上で決めなければいけない事項を網羅しているわけではない。プロジェクト推進や戦略決定などで、規定には書かれていないものの、実際にそのポストが決めている事項があれば記載しておく。

これらの情報は、職責をより具体的に把握するための助けとなるだけでなく、それぞれが職務評価手法の評価軸に対応するものである。一例をあげると、定量データはヘイ・ガイドチャート・プロファイル法の職務規模という評価軸の判定で参照する情報となる。どの情報が、どの評価軸に対応しているかを念頭に置きつつ記述をしていけば、より有効な職務記述書が完成する。

◆職務記述書の作成のための情報収集法
● 情報入手の2つのルート

職務記述書の作成は、企業内にあるポストの職責を明確にしていくという意味において、企業組織の設計論理を紐解いていく行為に等しい。企業組織は、経営戦略を起点に上位から設計されるのが公理で、ポストの職責も上位から段々と落とし込まれるべきものである。従って、この流れに沿って、上位から下位のポストへ順序立てて職務記述書を作成していくのが基本である。

職務記述書の作成主体が誰になるにしても、ポストの職責に通じている関係者からの情報入手が必須である。その情報入手の仕方によって進め方は変わってくる。情報入手の精度が最も高いのは、対象ポストの上位者に対するヒアリングである。なぜ、対象ポストの現職者ではなく上位者にヒアリングするかというと、職責は経営からの期待値だからである。従って、現職者にヒアリングを行って2次情報を取るよりも、上位者に話を聞いた方が素直なやり方となる。ヒアリングをして収集した情報を、人事部門が中心となって職務記述書を整理することになる。

上位者へのヒアリングでは、質問者の問いかけ方が極めて重要なのは言うまでもない。日本の企業では、職責という考え方が十分に浸透していないことが多く、

下手をすると課業の聴取になりかねない。そのため、何が果たされたら役割を全うしたと言えるのか、という角度から質問者は情報を引き出さねばならない。

また、組織の戦略と職責との関係も常に意識しておくべきである。そのポストに普遍的な役割よりも、中期経営計画などの実現に向けた職責が職務価値の判定で重きを成すことも十分にあり得る。

以上は、対象ポストの上位者から情報を入手する方法だが、もう一方で現職者から直接情報を入手するやり方もある。職務記述書を対象ポストの現職者に記述してもらう方法である。その場合、職務記述書を作成するにあたっての手引きを配付し、場合によっては集合研修形式で作成方法を説明したうえで、現職者に記載してもらう。

● **現職者から情報を入手する際の留意点**

この方法で留意が必要なのは、どんなに丁寧な手引きを配付したとしても、できあがってくる職務記述書の品質にはばらつきが生じることである。職責の明確化をおこなう技法を習得していない人間が作成するわけで、ある意味で仕方のないことである。

もうひとつ、この方法を採る際の構造的な問題は、経営の期待値である職責を、現職者の認識に基づいて書くという点にある。上位者の期待と、現職者の職責に対する認識にずれがある場合がほとんどである。そのため十分に精査されていない職務記述書をもとに職務評価をおこなってしまうと、職務価値の測定も誤ったものになる恐れがある。そこで、現職者が作成した職務記述書を、上位者が目を通して確認するステップを入れることを推奨する。

ここでは2種類の方法を紹介したが、それぞれに一長一短がある。上位者へのヒアリングは、期待値という職責の本来趣旨に合わせた形で、質問者の技量によっては豊富な情報を収集できるが、それだけ時間も要してしまう。現職者による作成では、一気に多くの記述書を完成できるが、品質がばらついてしまうのと、現職者の認識バイアスがどうしてもかかってしまう。制度の導入にあたっては、この長短を考慮して双方を組み合わせるのが効率的である。

日本企業でよく見られる、管理職層を対象とした職務型の制度導入の場合、本

部長や部長といった上位ポストにはヒアリングを用い、課長未満のポストは現職者が職務記述書を作成するといった具合に、時間とコストの効率が最もバランスの良い組み合わせ方を検討すべきであろう。

職務記述書を整備する意味合い

◆職務記述書の導入と運用の留意点

　日本企業において、職務記述書を導入して運用するのはハードルが高いのが実情である。それは、海外と日本では雇用環境が大きく異なるからだ。日本では、新卒一括採用・終身雇用・ゼネラリスト型キャリアという独特の雇用慣行がある。それに対し海外では、即戦力採用で雇用保証なし、スペシャリスト型キャリアとなっている。即戦力を採用するためには、募集するポジションの業務内容を明確に示さなければならない。また、雇用保証がないため、入社後に期待される成果水準なども事前に雇用側と就労側で十分に納得していることが求められる。双方の納得度が低ければ、雇用終了時に紛糾の原因にもなり得る。入社時だけではなく、年度更新時にも同様の認識合わせが必要になる。

　すなわち、海外企業においては、職務記述書が雇用側と社員側の意思疎通のツールとしての役割を果たしているのである。そのため、海外企業においては、組織責任者や現場マネージャーが職務記述書を作成するのは当然の責務であり、職務記述書に関するリテラシーも高い。

　一方で、日本企業においては、職務記述書自体の馴染みが薄い。総合職として入社し、個々人の能力に合わせて業務を割り振っており、業務が属人化することが少なくない。また、雇用保証があるため、求められる成果水準を明確にする重要性も高くない。組織責任者や現場マネージャーの職務記述書リテラシーはほぼ皆無と言える。

　日本企業が海外企業を手本にして、職務記述書を整備する際に、この違いを看過してはならない。とくに、2000年代前半に起きた職務型制度の第１次ブームでは、欧米企業にならい職務記述書を整備したものの、運用の負荷が高く、形骸化した企業は多い。組織改定や戦略変更に応じて、職務記述書も更新すべきであるが、職務記述書が意思疎通のツールとして機能していなければ、手続き的な更新に留まる。活用用途が不明なまま、負荷だけが重いため、制度導入時に作成した職務記述書は放置されてしまったのである。

◆職務記述書を整備する2つのメリット

仮に職務記述書を運用するのは難しいとしても、職務記述書を整備することのメリットは次の2つの点において大きい。

ひとつは、ジョブ型制度の導入を契機として、組織全体に「職務」という考えを改めて浸透させて組織効率を上げることである。

本来は戦略を実現するために、最適な組織構造とポストが設計されるべきであるが、必ずしもそうなっていないことも多い。とくに合併を繰り返した企業では、職務の重複や不明瞭な位置づけのポストが多く存在しがちである。外形上はきちんとした組織であっても、上位層と現職者で職務の期待値に対する認識ギャップがあることも多い。職務記述書の作成を通し、あるべき組織やポストのあり方に向き合い、組織内で認識を合わせていくのは、組織効率の向上に大いに寄与する。

もうひとつのメリットは、ジョブ型制度への円滑な移行の期待である。

旧来の職能型制度とは、根本的な思想が異なるため、社員の理解には時間がかかる。職務記述書の作成を通じて、社員を巻き込んだ形での構築と導入が可能になる。とくに制度導入によって、不利益を被る社員が多いケースでは有効である。「職務」の内容を改めて振り返ることにより、職務価値の根拠を明らかにするとともに、対象者の意識づけを早期にスタートすることができる。

◆職務記述書を形骸化させないための施策

このように、単なる職務評価の土台という以上の意味合いを持った職務記述書を形骸化させないためには、人事運用プロセスへの組み込みと教育が大切である。職務記述書の主項目である成果責任は、職務の核となる責任を捉えており、人事運用に活かさないともったいない。目標設定をおこなうタイミングで、成果責任についても評価者と被評価者間で意見交換をおこない、必要に応じて見直すことを運用に組み込むのが望ましい。

また、職務記述書の運用を現場任せにしすぎず、人事部門も研修やハンドブック整備などをおこない、継続的に職務記述書リテラシーを引き上げる努力が必要となる。

本書は「ジョブ型人事制度の教科書」という位置づけのため、ジョブ型制度の

重要な要素のひとつである職務記述書を推奨している。しかし、それは全ての
ジョブ型制度を導入する企業において、職務記述書が必須と主張しているわけで
はない。現に、職務記述書を持たないでジョブ型制度を導入している企業も多
い。大切なポイントは、「職務記述書の整備」にかかる負荷を上回るメリットを
享受できそうかどうかである。

　ジョブ型制度を導入するからといって、中途半端に職務記述書を整備するのは
決して推奨できない。整備するのであれば、メリットを享受できるように、運用
プロセス・体制の整備や教育投資が必要である。自社における職務記述書の導入
メリットや運用能力などをさちんと見極めて、職務記述書を整備するか否か、慎
重に決めていくことが重要である。

職務記述書と職務評価の運用

◆**迅速性と正確性を実現する２つのポイント**

　日本では、ジョブ型人事制度を導入しても運用が極めて難しい、すぐに形骸化してしまうといった印象を持つ企業が多い。事実、過去にジョブ型制度を導入したものの、運用が上手くいかずに、ジョブ型とも日本型とも言えない制度に変容してしまった企業も少なくはない。

　ジョブ型制度、そのなかでも職務等級は企業組織の体制、より具体的には個々のポストの職責と密接につながっている。組織体制が変わった際や、ポストの職務内容に変化があった際には、その変化を職務記述書に反映し、職務評価も見直さなければならない。しかし、それが日本企業にとっては難しい。その原因は、先述したように、日本企業の職務記述書作成に関するリテラシーの不足、職務評価に要する作業負荷の大きさなどがあげられる。

　ただし、いかに困難で手間がかかったとしても、運用の努力を怠ってしまうと、ジョブ型制度は確実に形骸化する。ジョブ型制度運用の基本的な原則は、ポストの職責が変わったら、その変化を速やかに、正しく職務等級に反映させるというものである。

　迅速性と正確性を担保するために、２つの時間軸で運用の体制とプロセスを設計しておくのが望ましい。その２つとは、①都度のメンテナンスと②定期的なメンテナンスである（**図表4-11**）。

①都度のメンテナンス

　都度のメンテナンスとは、組織体制が変わったタイミングで、またあるポストの職責が変わったタイミングで、その都度、職務記述書と職務評価を見直すことを指す。このメンテナンスをおこなうためには、どこで変化が生じたのか、何が変わったのかを把握するための仕掛けが重要になる。要するに、全社の組織体制に対するモニタリング機能がなければ、その都度の見直しは上手く回っていかない。

図表4-11　職務記述書と職務評価に関する２種類の運用

①都度のメンテナンス	● 組織体制が変わった際、ポストの職責が変わった際に、そのタイミングで職務記述書と職務評価の見直しをする ● どこで変化が生じたのか、何が変わったのかを把握するための仕掛けが重要
②定期的なメンテナンス	● 数年に一度、定期的なタイミングで全社的に職務記述書と職務評価の見直しをする ● 職務記述書と職務評価の全社的な整合性を確保する目的を有する

　変化を察知するモニタリング機能の置き所は、各社が頭を悩ませているのが実態である。

　かつては、本社人事がその機能を担おうとしていたが、いくつかの問題が露呈した。まず、規模が大きな企業では、本社人事だけで全社の組織変更を把握し切ろうとするには無理があった。本部、部門レベルの組織変更ならまだよいとして、部や課レベルの組織変更、あるいはポストの職務変更まで全て一元的に把握するのは、現実的に相当に厳しい。また、仮にどこで変化が起こるか分かったとしても、職務記述書を見直して職務評価に反映できるまで、変更の内容を正しく理解するのは不可能に近い。

　通常、組織変更には何らかの理由がある。事業戦略の見直しや業務の効率化といった、組織変更の背景にある文脈をきちんと理解できなければ、職務記述書の見直しが単なる言葉遊びになってしまいかねないうえに、職務評価も正しい結果にならない可能性が高い。

　その文脈を理解するためには、やはり事業や機能に対する一定の知見がなければならず、それを本社人事が有していない場合が多い。日本企業では、本社人事が事業を十分に理解していないという声をよく耳にするが、ある面でそれは仕方のないところもある。これまで、本社人事には人事・労務管理の知識が求められてきた一方で、自社の事業そのものに対する知識はあまり求められてこなかったのが一般的であろう。

　理由はどうあれ、都度のメンテナンスを本社人事だけでおこなっていくのが難

しいことに気づいた日本企業では、各部門・各事業部との連携を一層強化するようになった。各部門・各事業部の人事担当にモニタリング機能を担わせる、という体制を築く企業が増えてきている。元々、各部門・各事業部に人事担当という役割がなかった企業では、この機に新たに設置しようという動きも出てきている。やはり、事業に近い場所へモニタリング機能を埋め込んでいくことが、迅速にかつ正確に組織変更を反映させる近道なのである。

そのためには、第8章で詳述するが、人事部門そのものの機能も見直す必要がある。事業部門を熟知した人事機能であるビジネスパートナー機能の強化は、ジョブ型制度の導入には欠かせない要素と言える。

②定期的なメンテナンス

都度のメンテナンスを行っていれば十分かというと、そうとは言い切れない。それは、どんなに個別の職務変更を反映させて積み上げていっても、全体の整合性を確保できるわけではないからである。その都度、各部門における組織体制やポストの変更を職務記述書に反映させて、職務評価を見直していった結果、俯瞰してみると全社的に正しい姿を現していないものになってしまった、という事態が往々にして起こり得る。ある部門のポストだけが相対的に高い職務等級に格付けられるなど、全体的なバランスが損なわれてしまうのだ。あるいは、どんなに注意深く組織体制の変化をモニタリングしていても、大きな企業ほど、全ての変更を把握し切れない可能性もある。

そのため、定期的に全社規模でのメンテナンスをおこなう必要性が生じる。数年に一度の健康診断のようなもので、定期的に全体の不具合をチェックし、問題があれば見直しをおこなうのである。

定期的なメンテナンスは、1）見直しが必要なポストの割り出し、2）職務記述書の最新化、3）職務評価の見直し、という順番で進める。このプロセス自体は、都度のメンテナンスと大きくは変わらない。ただし、定期メンテナンスの際にとくに留意が必要なのは、1）見直しが必要なポストの割り出しのプロセスになる。

数年経てば、企業の組織体制には少なくない変化が生じる。2つの事業部が統合したり、1つの部門が2つに分割されたり、または新しい本部が新設されたり

と、刻々と組織の形は変わっていく。組織の構造が変われば、ポストの数も増えたり減ったりすることになり、当然のことながら各ポストの職務内容も変わっていく。従って、最新の組織体制と、その時点での職務記述書や職務評価の内容を突き合わせて、双方に齟齬がないかを確認しなければならない。何かしらの齟齬が生じているポストがあれば、それは見直しの対象になる。

　また、時間が経過すれば、組織体制が変わっていないとしても、職務内容が変わるポストも出てくる。例えば、人事部長というポスト自体は変わらないものの、人事機能に対する経営からの期待値が変わったことで、組織・人事戦略の策定といった戦略性の強い職責が人事部長に付加されるケースなどである。こうした個々のポストにおける職務内容の変化は、組織図を眺めているだけでは判別できない。

　本来、都度のメンテナンスを徹底していれば、こうしたポストを全て洗い出せるはずなのだが、細かな変更まで含めて全てを把握し切るのは事実上、不可能に近い。そこで、定期メンテナンスの際に、全社的に総ざらいをする必要があるのだ。

　定期的なメンテナンスを企画する際に、どれ位の期間で実施すべきかを決めておかねばならない。社内の全ポストに一度投網をかけることになるため、年に1回とするのは相当な労力を要してしまい、あまり現実的ではない。そこで、コーン・フェリーでは、全社の中期経営計画を更新するタイミングでの実施を推奨している。多くの日本企業では、中期経営計画の期間は3〜5年となっている。最近では、経営環境の変化速度が上がってきているため、3年とするのが主流になってきている。そこで、3年に一度、新しい中期経営計画が策定されたタイミングで、定期的なメンテナンスを実施するのが望ましい。

　中期経営計画の更新時を推奨する理由は、端的に言えばそのときに全社的な組織体制が大きく変わるケースが多いからだ。通常、中期経営計画には新しい成長戦略や、全社をあげて取り組む重点テーマなどが織り込まれている。組織は戦略に従うものなので、戦略や重点テーマが変われば、組織体制も刷新される。定期的なメンテナンスをおこなうのであれば、大幅に組織体制が見直されるタイミングが最も効率的なのは言うまでもない。

　職務という概念が十分に定着していない日本企業において、職務等級を設計す

るのは骨の折れる作業であるのは間違いない。そのため、職務等級を導入すると一安心してしまい、その運用がなおざりになってしまう企業も少なくない。ただし、ジョブ型制度が上手く機能するか否かは、職務記述書と職務評価の運用にかかっていると言っても過言ではない。メンテナンスを計画的に、粘り強く実施していくことが、ジョブ型制度を日本企業に根づかせるうえで極めて重要なのである。

第 **5** 章

ジョブ型制度における
評価制度

ジョブ型制度における評価制度の位置づけ

◆ジョブ型制度における評価の意味

　この章では、ジョブ型制度における評価制度の位置づけや内容について解説する。

　ジョブ型制度における評価の意味合いを端的に述べれば、「各ポストにおける職務の全う度合い」と「職務を遂行するうえで必要な能力の開発度合い」を評価することにある。ジョブ型の制度であるため、報酬にせよ評価にせよ、現職者が各ポストの職務を期待どおりに果たしていくことを動機づける方向で設計される。そのため、評価制度は職務を全うすること、職務遂行に必要な行動を実践させることを後押しするものとして位置づけられる。

　制度の具体論に踏み込むと、職務の全う度合いは「目標管理による業績評価」によって、能力の開発度合いは「行動評価（コンピテンシー評価）」によっておこなわれるのが通例である。「目標管理による業績評価」は、MBO（Management By Objectives）と呼ばれるものであり、仕組み自体を取り上げるとジョブ型制度固有のものではない。日本の企業においても、業績評価をおこなううえで目標管理は極めて一般的な仕組みとなっている。期初に各人の目標を立てて、期末に評価をするという仕組みであり、大半の日本企業で評価制度のなかに組み込まれている。

　目標管理の根本的な仕組みは同一であるが、職能型制度とジョブ型制度では、実際には目標の立て方に大きな違いがある。その違いとは、何に基づいて各人の目標を設定するか、という点である。その内容については、次節で詳細を見ていきたい。

　もうひとつの能力の開発度合いを問うコンピテンシー評価も、業績ではなく能力を評価するという点においては、職能型制度でも取り入れられているものと変わりはない。ただし、どの能力を評価するかという基本的な考え方が、職能型制度とジョブ型制度においては根本的に異なってくる。この辺りについても、後で詳しく論じていきたい。

職務に基づく業績評価（目標管理制度）

◆ 成果責任と目標

　繰り返しになるが、目標管理による業績評価の仕組み自体は、日本企業において一般的である。期初に社員各自が今年度に達成すべき目標を決めて、各目標を評価可能な指標と水準に落とし込む。期中には、定期的に評価者と被評価者の間で進捗状況を確認し、確実な目標達成に向けて話し合いをおこなう。目標管理とは、そうしたサイクルを前提とした仕組みである。

　ここで問題となるのは、「何に基づいて目標を立てるか」ということだ。ジョブ型制度では、全ての起点がジョブ、つまり各ポストの職務となる。そのため、各自に割り当てられた職責に整合する形で目標を立てる必要がある。

　ここで、職務記述書を思い出してほしい。職務記述書のなかには、いくつかの項目が織り込まれているが、そのなかでも核となる項目が成果責任であった。成果責任とは、そのポストにおいて「期待される成果を生み出す責任」を指している。つまりは、職責の内容が記述されているのである。この成果責任をもとにして、目標を設定するのがジョブ型制度における業績評価の最たる特徴である。

　成果責任と目標を混同するケースも多いため、いまいちど、その関係性を整理したい。成果責任はそのポストが果たすべき中長期的な職責であるのに対して、目標は職責を短期的にどこまで全うすればよいかを示したものである。あるポストの成果責任は、組織体制やポストの職務内容が変わらないかぎり、基本的には変わらない。

　例えば、マーケティング部長のポストについて考えてみると、「自社製品の効果的なマーケティング戦略を策定する」という成果責任があるとすれば、それはそう簡単に変わるものではないはずだ。この成果責任を、当年度でどこまで果たすべきかを定め、その達成度合いを問うのが目標である（**図表5-1**）。

　業績目標は年度ごとの成果責任の全う度を問うものであるため、「何を」「どこまで」できていればよいかを、具体的に明確にするのが重要となる。一般的に、

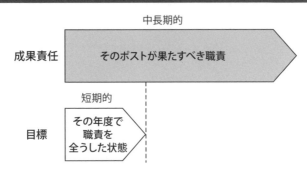

図表5-1　成果責任と目標との関係

中長期的

成果責任　そのポストが果たすべき職責

短期的

目標　その年度で職責を全うした状態

目標設定においては「何を」を指標と呼び、「どこまで」を水準と呼ぶ。

　指標と水準が大事なのは、何もジョブ型制度に限った話ではなく、目標管理による業績評価には共通したことである。ただし、中長期的に求められる抽象度の高い職責を、単年度という短期スパンの具体的な目標に落とし込むジョブ型制度においては、この水準の検討がとくに成否を分けるカギになる。

　先ほどのマーケティング部長の例に戻りたい。「効果的なマーケティング戦略を策定する」という成果責任に対して、当年度は何が、どこまで達成できていればよいかを目標として立てなければならない。そのため、どのような内容のマーケティング戦略が、どのレベルで策定されているべきかを、水準で明示する必要がある。

　例えば、「自社の主力製品○○のマーケティング戦略において、アジア市場へ参入するための販売チャネルを決め、プロモーションの施策を年間計画に落とし込み、実行する」といった形まで落とし込めていれば、業績目標として機能するはずである。この場合、指標は「主力製品○○のマーケティング戦略」となり、水準は「アジア市場へ参入するための販売チャネル決定と、プロモーション施策の具体化と実行」である。

◆目標は定量的であるべきか

　ここで、疑問を持たれる方がいるかもしれない。先述の目標設定例では、水準が「アジア市場へ参入するための販売チャネル決定」という具合に、定量的では

図表5-2　部下育成に関する目標設定の例

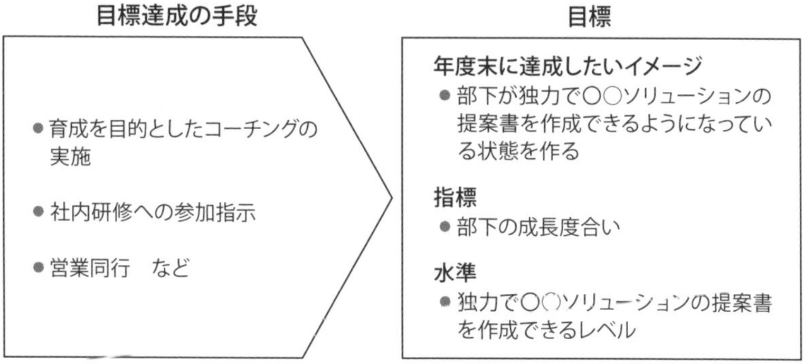

目標達成の手段

- 育成を目的としたコーチングの実施
- 社内研修への参加指示
- 営業同行　など

目標

年度末に達成したいイメージ
- 部下が独力で○○ソリューションの提案書を作成できるようになっている状態を作る

指標
- 部下の成長度合い

水準
- 独力で○○ソリューションの提案書を作成できるレベル

ない記述となっている。一昔前になるが、業績目標における水準は定量的なものでなくてはならない、数字であるべきだという主義主張が世に流布していた。確かに、売り上げ○○億円の達成というような、数字による水準の方が評価しやすく、客観的と言えるのも事実である。

　しかし、どんな目標でも定量的な水準を設定できるかというと、決してそんなことはない。売り上げや利益の向上など、そもそも定量的な性質を持った成果責任の場合はよいが、戦略や計画立案といった質を問われる成果責任において、数字による水準を設定すると、かえって目標の意味合いを損なうことになりかねない。よく見られる間違いの典型例に、部下育成に関する成果責任の目標設定が挙げられる（**図表5-2**）。

　組織長ポストであれば、通常は自組織の部下を育成するという成果責任が存在するはずである。この育成責任に対して、「部下に対して育成を目的としたコーチングを、月に1回実施する」あるいは「自社が提供している研修に、年間で3回は部下を参加させる」といった目標を設定してしまうケースが少なくない。水準は定量的なものの方がよいという考えに則り、これらの目標では月に1回、年間で3回と定量的な水準が置かれている。一見、数字による客観的な評価が可能なため良い目標のようにも見えるが、本質的に考えると大きな誤りがある。

　そもそも、コーチングや研修は育成のための手段であり、元来問われるべきは部下がどれ位まで育ったのかという結果であるはずだ。いくら部下に対してコー

チングをまめに行ったとしても、結果として部下の能力が開発されていなければ手段が間違っていたのであり、組織長としての職責を果たしたとは言えない。従って、目標には、年度末に部下の能力がどう開発されているべきかを水準として明記する必要がある。一例ではあるが、「部下が独力で○○ソリューションの提案書を作成できるように育成する」といった具合に、定性的であっても、実現できたか否かを判断可能な水準を検討するのが望ましい。

　繰り返しになるが、業績目標の水準は必ず定量的であるべき、というのは間違いである。成果責任の本質的な意味を表現できて、評価可能な水準であれば、定性的なものであっても何ら問題はないのだ。

◆ 業績評価の運用面での留意点

　ここまでは、目標設定の仕方に焦点を当てて、ジョブ型制度における業績評価の特徴を解説してきた。もう少し深く掘り下げていくと、実は業績評価の運用においても、職能型制度とジョブ型制度には違いが見られる。

　ジョブ型制度では、職責によって等級の区分が決まるため、同一等級は同程度の職責グループとなる。すなわち、同一等級は売り上げ・利益規模や、管掌機能・マネジメントスパンなどが比較的近いグループで構成される。そのため、各等級の標準的な期待値に基づいて各人の目標を設定すると、同一等級内で難易度のバラつきは起きにくくなる。これにより、同一等級内での評価比較がしやすく、評価運用が円滑なものになる。そもそも、目標管理制度は、経営トップから目標をブレイクダウンしていき、それぞれの目標を連鎖させる仕組みである。組織構造との関連性が高いジョブ型制度は、目標管理制度との親和性が高いと言える。

　一方で、職能型制度における目標管理は、運用が煩雑になりがちである。職能資格等級では、等級ごとに能力要件が定められており、「等級相当の能力」に応じた目標を立てることが求められる。しかし、同一等級内に様々な職責の人材が混在するため、目標の難度を揃えることは極めて困難である。例えば、「部長相応の能力」の等級において、部長の役割を担う者もいれば、プレイヤーの役割を担う者もいる。たとえ近い能力だったとしても、実際の職務内容が大きく異なれば、同レベルの目標を立てることは難しい。しかし、処遇を決定するうえで

は、同一等級内での評価の基準を揃えなければならない。

　低いレベルの目標を立てた社員が、高評価と高処遇を得る仕組みは公正とは言えないからである。そのため、難易度の係数を乗じる工夫や、職責を配慮した評価調整などが必要になり、制度や運用が複雑化する。日本企業で、目標管理が上手く回らないと言われる理由のひとつは、この複雑化した制度や運用が一因である。複雑化した制度や運用では、評価者が評価の根拠を明確に説明できないため、フィードバックが適切に機能しにくい。本来、評価とは処遇を決定するための機能だけではなく、社員の人材開発を促す機能も果たすべきものである。

　フィードバックは、事実をもとに、被評価者の成し遂げた業績や改善点を明らかにして動機づけるととともに、行動改善を促す機能を果たす。フィードバックは次期の目標設定に活かされ、組織や人材の成長サイクルに繋がっていく。フィードバックを適切に機能させるためには、明確性と透明性が欠かせない。評価者が評価根拠や処遇への関連性をきちんと示すことで、被評価者の自己理解と自己開発への意欲を引き出すことができる。

　職能型制度では、処遇の公正性を担保するために、制度や運用を複雑にせざるを得ず、結果としてフィードバックが適切に機能しないため、人材開発という便益が得にくい。この点が、ジョブ型制度と職能型制度の大きな違いと言えるだろう。

業績評価を巡る昨今の論点

◆ **リモートワーク環境での部下マネジメントの問題**

　コロナ禍という未曽有の危機的な事態により、日本企業でもリモートワークが急速に浸透してきた。かねてより、働き方の多様化という文脈において、先進的な企業ではリモートワークの推進がなされてきたが、コロナ禍によって、物理的に対面コミュニケーションを制限されたために、その流れが加速度的に進んだ。

　同じ空間を共有するのが難しくなった職場環境において、多くの日本企業では管理職のマネジメントのあり方が大きな問題になってきている。コロナ禍以前は、通常の企業であれば、上司と部下は物理的に近い場所にいて、上司は部下を常時、観察して指導することができた。こうした職場環境を前提として、管理職のマネジメントがおこなわれていたのである。

　元来、日本人の部下のマネジメント方法は、細かな業務指示に大きく偏っているという特徴がある。業務の進め方について具体的なハウツーを指導することで、部下の仕事を管理する傾向が強い。

　つまり、日本の管理職はプロセスに力点を置いて部下のマネジメントをおこなうのである。これは、上司と部下が物理的に近い場所にいてこそ成立するマネジメントのスタイルと言える。

　ところが、リモートワークが進んだ環境下ではコミュニケーションの頻度が限られてしまうため、部下の仕事を細かく見て、プロセスを管理するのは困難である。そのため、従来のやり方が通じずに、かといって新しい方法を見出すこともできず、機能不全に陥る管理職が少なからず出てきている。

　このことは、部下の評価にも大きな影響を及ぼしている。部下の業績評価とはマネジメントの一要素であるため当たり前といえば当たり前の話なのだが、部下の業務進捗をつぶさに見ることが難しいがゆえに、かつてのように評価を下せなくなったのだ。コーン・フェリーが実施した、コロナ禍による危機的な状況下での雇用・報酬に関する動向調査では、実にほぼ半数の企業が、評価について何らかの見直しが必要だと回答している。

◆ 成果重視の目標設定がより重要になる

　上司と部下の間で物理的な接触が難しくなり、コミュニケーションの機会が限られるなかで、部下をいかにして動機づけ、マネジメントすればよいのだろうか。

　その答えは、細かなプロセス管理から脱して、求める役割や成果ベースでの対話に切り替えることにある。業務の進捗管理や指示を高い頻度ではおこなえない環境下では、一定の領域は部下の自主性に任せるしかなくなる。しかし、管理職が完全に部下の自主性に任せるようになってしまっては、それはマネジメントとは言えない。向かうべき方向性を指し示し、そこに向けて部下が自助努力をするように促していくことが管理職の仕事になる。

　言い方を変えれば、部下に求める成果責任を明確に示して、その責任に対する部下のコミットメントを引き出さなければならない。成果責任をどのように全うするかは、部下自身が考え、創意工夫を凝らしていく形に持っていくのである。これを業績評価の視点から見てみると、より成果を重視する方向に変えていくべきと言える。

　そもそも、業績評価とは各人の年度ごとの成果を問うものではあるのだが、実際には成果というよりも業務の進捗度、頑張りの度合いを評価してしまっているケースが少なくない。これは、日本企業の管理職のマネジメント方法が、プロセス管理を主としていることに原因のひとつがある。プロセスを丁寧に管理することが難しい職場環境において、従来どおりのプロセス重視の評価をおこなっていると、評価の信頼性そのものが揺らいでいくことになるだろう。そこで、業績評価の本来の趣旨に立ち戻り、より成果そのものを問う形に転換しなければならないのである。

　具体的には、ジョブ型制度における目標管理のセオリーに則り、成果責任を起点として、その年度において責任を果たした状態を目標として設定するべきである。「そもそもこの職務における職責は何で、何を成果と捉えるか？」という対話を、上司と部下の間できちんとおこなうことを推奨したい。

　成果重視の業績評価とは、必ずしも「目標を定量化する」ということではない。定性的な目標も含め、各職務に本来どのような責任や成果が期待されるかを突き詰めていくことが重要なのである。

この際、留意しなければならないのは、日本の管理職は必ずしもこのような成果重視の目標設定スキルが高くはない、という点である。年度末に部下へ求める成果のイメージを明確に持って、それを的確に評価できる指標と水準に落とし込むというスキルや、部下との認識ギャップを理解し、部下の視座を引き上げて導いていくようなスキルを持っている管理職はまだまだ少ない。

　いま改めて、管理職の目標設定スキルを高めていく必要性が問われているのである。

職務遂行に求められる行動特性の評価（コンピテンシー評価）

◆ 行動評価の目的

　職務型制度のもうひとつの典型的な評価制度である行動評価（コンピテンシー評価）は、職務を高いレベルで遂行するうえで必要となる行動要件を基準化し、その充足度合いを評価するものである。企業が行動評価を採り入れる大きな理由は、その年度で成果を出しさえすればよいということではなく、より安定的に職務を遂行するための行動を開発すべきであるという考え方に基づいている。

　つまり行動評価は、各ポストの職責に照らして、現職者が高いパフォーマンスを安定的に発揮することを目的としたものである。

　職能型制度における能力評価と混同されることもあるが、職能型制度における能力評価は、ジョブ型制度における行動評価（コンピテンシー評価）とは根本的に異なる。職能型制度における能力評価は保有能力を指す一方で、ジョブ型制度における行動評価とは発揮能力（発揮された能力）を指す。ジョブ型制度においては、能力を保有しているか否かではなく、発揮しているか否かが評価の視点になるのである。

　行動評価は、会社が期待する行動要件を示し、社員の意識転換や行動開発を促す目的がある。例えば、上位等級に位置づけられるマネジメント層は、管掌組織の業績を上げるだけではなく、適切なマネジメント行動を取ることが期待される。「ビジョン・方針の明示」「タイムリーな意思決定」「組織の生産性向上」「部下の育成」などの期待行動を要件化することで、マネジメント行動への意識づけが可能になる。顕在化した行動レベルで評価することにより、評価者から被評価者に具体的なフィードバックをおこなうことができ、行動変革を促せる。行動評価においても、ジョブ型制度は処遇決定だけではなく、人材開発をおこないやすい仕組みと言える。

◆ 行動評価の基準

　行動評価を構築するうえで重要なポイントは、基準の分かりやすさである。人

事コンサルティングファームでは、「コンピテンシーディクショナリ」という形で行動要件のノウハウ集を保有している。これらは、様々な企業やリーダーとの共同研究によって作り上げられた成功要件であり、参考にすべき部分は多い。

コンピテンシーディクショナリの一例として、コーン・フェリーが有するディクショナリのコンピテンシーの項目を紹介する。ひとつひとつの項目が、レベル定義を持っているため、評価基準として使用することができる。

ただし、汎用性が高いものであり、上手く運用するためには、自社のビジネスや業務に適合する形で導入する必要がある。社外のノウハウを上手く取り入れつつ、自社に合った形での制度の落とし込みをおこなうとともに、評価者・被評価者がきちんと理解し活用できるよう、教育を施すことも大切である（**図表5-3**）。

図表5-3　コーン・フェリーのコンピテンシー項目（一部）

クラスター	#	コンピテンシー	定義
ビジネスを理解する	1	ビジネスの見識	ビジネスや市場に関する知識を活用して組織の目標を達成させる。
	2	顧客志向	顧客との強固な関係を構築し、顧客の立場に立った解決策を提供する。
	3	財務経営知識の活用	主要な財務指標を理解し、それらを活用して、適切なビジネス上の判断を下す。
	4	技術情報の活用	ビジネス拡大に役立つ様々な新しい技術を把握し、それらを取り入れる。
複雑な問題に判断を下す	5	複雑な状況への対処	複雑で大量の、ときには相互に矛盾する情報について把握したうえで効果的に問題を解決する。
	6	判断の質	適切でタイムリーな判断を下すことで、組織が前進し続けられるようにする。
	7	関係者間の調整	複数のステークホルダー（関係者）のニーズを予測し、バランスをとった対応をする。
これまでとは異なる新たなものを生み出す	8	グローバルな視点	グローバルな視点を持ち、広い視野で問題に取り組む。
	9	イノベーションの推進	組織が成功するために、新たなより良い方法を生み出す。
	10	戦略的思考	将来の可能性を見極めたうえで、現状を打破する戦略を策定する。

◆ コンピテンシー評価の最近の動向

　この項の最後に、コンピテンシー評価に関する最近の動向について触れたい。

　コンピテンシー評価を設計するにあたって、必ず論点に上がってくるのが、どの単位で行動要件を設定するかというポイントである。基本的には、ポストごとに職務の内容は異なるので、求められる行動もポストによって異なるはずである。厳格を期するのであれば、ポストの数だけ行動要件が存在することになる。しかし、企業規模が大きくなるほどポストの数は増えていき、ひとつひとつのポストに独自の行動要件を設定するのは非現実的である。そこで、何らかの形で類型化し、類型ごとに行動要件を考えていく必要がある。

　かつての日本企業は、職務等級ごとに類型化するケースがほとんどであった。ジョブ型制度においては、等級が同じということは、職務価値の大きさが等しいことを意味している。細かく見れば職責が異なるポストであっても、職務価値が同等の大きさであれば、求められる行動のあり方も似通っているはずであるという考えに基づく。この考え方は、現実的な人事運用を重視した選択と言えよう。

　しかし、評価運営の現場では、個々の職務に対して実際の行動を正しく評価できないケースが出てくる。例えば、営業部門と研究開発部門を同様の行動評価基準で評価するのは難しいことは明白だろう。

　そこで、近年では等級よりもっと細かな単位で行動要件を捉えていこうとする動きも出てきている。日本企業に馴染みの深い言い方をすれば、「職種別の評価基準」である。グローバルでは、「ジョブ・ファミリー」という名称で呼ばれている。職務を仕事の特性（営業・開発・製造等）にあわせて括り、その括りのなかで共通の行動評価基準を設定するものだ。職種を細かく括ることで、個々の職務特性にあった行動基準を提示することができる。しかし、括りを細かくし過ぎると、設計と運用にかかる負荷が大きくなってしまう。残念ながら万能解はなく、自社に適した括り方を試行錯誤のなかから見つけ出すしかない。

　職種区分ができあがったら、それを職務等級に掛け合わせて、それぞれの単位で行動要件を具体化していく。イメージとしては、横軸に従前の職務等級があって、縦軸に新しく職種の概念を採り入れ、より職務実態に即したコンピテンシーを選択できるようにする。そうすることで、100%とは言えなくても、個々のポストごとの行動要件に近似する形で行動評価を設計できるようになるのだ。

ジョブ型制度の性質から言うと、「職務との連動性」が高いに越したことはない。そのため、細かい単位で行動要件を設計した方が望ましくはあるのだが、運用負荷も同様に重要な要素であり、それらも含めて、自社に最適な仕組みを検討いただきたい（**図表5-4**）。

図表5-4　職種区分を入れて行動要件を設定した事例

	マーケティング			ソリューション				R&D				デジタル		
等級	マーケティング	アカウントマネジメント	セールス	コンサルティング	PM	XXXXXXX	XXXXXXX	XXXXXXX	XXXXXXX	XXXXXXX	XXXXXXX	データサイエンス	XXXXXXX	XXXXXXX
20														
19														
18														
17														
16														
15														
14														

- 全社で数百も存在するポストを、計15程度の固まりに類型化
- ここに職務等級を掛け合わせて、横×縦の単位で行動要件を設定

評価運用を上手く進めるための3つの要点

評価制度というものは、仕組みを作っただけでは定着しない。運用の努力を通じて、制度自体の考え方や、評価の仕方について組織に浸透させていく必要がある。

評価制度の運用が大事なのはどのような人事制度であっても変わりはないが、とくにジョブ型制度下での評価制度では、①業績評価における目標設定力の向上、②行動特性評価における評価基準の具体化、③評価者間の目線合わせ、の3点に力点を置いて運用を進めていかねばならない。

◆業績評価における目標設定力の向上

日本企業における管理職の、目標設定に関するスキルは決して高くない。その原因には、成果そのものに着目するよりも、そこに至る過程の方を重視する思考様式や、指標や水準を論理的に導くための思考力不足などがあげられる。これらは、技術的な問題だけではなく、管理職としての基礎能力の部分も大きい。目標管理制度を上手く運用するためには、目標の起点となる管理職が上手く機能することが欠かせない。目標設定力を高める取り組みをおこなうということは、技術の習得のみならず、管理職としての基礎能力を鍛えることにもつながる。そのような副次的な効果も織り込んだうえで、管理職の目標設定スキルを高める取り組みに、積極的に取り組んでいただきたい。

目標設定のスキルを向上させる施策としては、評価者に対する研修が最も一般的である。研修の目的は、目標管理の仕組みについての理解を促進させるとともに、目標を設定する際の枠組みや技法を習得させることにある。いくつかのケースを用いて目標設定の実演をおこない、目標を立てる際におこないがちな誤りや、それを克服するための方法を学ぶ。こうした評価者研修は必須である。原理原則を学ぶ機会がなければ、各管理職が「我流」で目標設定をおこなうようになってしまうからだ。

「我流」が横行すると、正しい評価運営ができなくなることは言うまでもな

い。新任管理職に対して研修をおこなうものの、その後は全く評価者に対する研修をおこなわないという日本企業も多い。一方で、定期的に目標設定研修などの「学びの場」を提供している企業は運用力が強い。目標や評価に対して、一定のリテラシーを持ち、意見交換を通して、確かな「定石」を自分のものにできるからだ。とくに目標設定は人事制度の要所のひとつである。これにより、職場の動き方が大きく変わってくる。研修をコストではなく人材投資と位置づけ、計画的におこなっていくことが重要であろう。

　ただし、研修だけ実施すれば十分というものではない。何でもそうだが、座学は出発点に過ぎない。やはり、目標設定の力量を上げていこうとすると、現場での実務を通じた学習が最も重要になる。

　管理職が目標達成に軸足を置いて、日々の部下マネジメントをおこなうのが理想的だが、放っておくと目標ではなくプロセスに焦点を当てた管理になってしまう。そこで、組織に成果重視のマネジメントが確立するまでは、半ば強制的に目標管理を組織に浸透させる仕組みが必要になる。上司と部下の間で目標を設定したら、目標の進捗度や、目標そのものの見直しの必要性について対話する場を定期的に設けるなどが、その一例である。かつては半期に一度、あるいは四半期に一度、そうした対話の機会を設ける場合が多かったが、日本企業にとってはそれではまだ少ない。リモートワークの浸透によってコミュニケーションの機会が限定的になったいまこそ、より頻度を上げて、目標を軸とした対話の機会を設けていくべきである。

◆行動評価における評価基準の具体化

　コンピテンシーを用いた行動評価も、組織内に確実に定着させるためには相応の努力を要するものである。行動評価の難しさは、どれだけ精緻に設計したとしても、評価基準の抽象度が高いものになってしまう点にある。行動評価とは、それぞれのポストで高いパフォーマンスを上げるために、現職者が実践すべき行動が基準として設定されているものだ。

　例えば、人材育成というコンピテンシー項目をあげると、「部下の強みと弱みを把握したうえで、その部下に適した能力開発の施策を講じて実施する」という具合に、どんな行動を取るべきかが基準化されている。

　先に触れたように、コンサルティングファームが提供しているコンピテンシーディクショナリを活用することで、評価の基準を一定程度は具体的なものにすることが可能である。ただし、その具体性にも限界があるため、評価者には自分の現場に即した形に基準を解釈するリテラシーが求められる。全ての管理職にそのリテラシーが備わっていれば問題ないが、やはり人によっては解釈し切れず、部下を適切に評価できない管理職も出てくる。そこで、リテラシーの不足を補うためのサポートを提供する必要がある。

　人事部が提供し得るサポートの方法にはいくつかあるが、典型的なのは事例集の作成である。それぞれのコンピテンシー項目ごとに、各現場で基準を満たす行動の事例を記載していくのだ。生産・開発・営業など、社内におけるそれぞれの現場ごとに、評価の具体例を指し示すことで評価者のリテラシー不足を補強する。

　これは、確かに理に適った支援の方法ではあるが、どこまで作り込みをするかの見極めがとても難しい。現場は千差万別という考えに則ると、数限りない事例を作らなければならず、それではあまりに負荷がかかり過ぎる。一方で、あまり乱暴に現場を括ってしまうと、事例の抽象度が上がってしまい、そもそも解釈を補強できるものにはならない。評価事例集は有効な支援策ではあるが、その作成にあたっては十分な検討を要する。

　もうひとつ、現場での衆知を集めることによって、評価者の解釈を支援する方法がある。各現場で評価者と被評価者が集い、それぞれのコンピテンシー項目における評価基準が指している行動について考え、話し合うというものだ。先述のコンピテンシー、人材育成を例に取れば、その現場において部下の適性に応じた育成を実施するとはどういう行動を指すのか、日々の活動を振り返り皆で意見を出し合う。そうすることで1人では考えつかなかった具体的な行動イメージが、より現実味を持って浮かび上がってくる。できるだけ多くの参加者を募って、いわゆるワークショップという形で実施するのが有効である。

◆ 評価者間の目線合わせ

　ジョブ型制度に限らず、評価者間における評価目線のバラつきは、どんな人事制度でも普遍的な課題である。評価制度においては、同じ等級もしくは資格に格

付けられている社員間で、標準的な評価とする場合の目線が同じものになっていなければならない。ジョブ型制度の場合は職務価値の大きさが同程度のポストが、同じ職務等級に格付けられる。同一等級のポストであれば、業績評価であれ行動評価であれ、標準評価の目線が揃っていなければ論理的に整合しない。

　ただし、いくら同じ等級のポストであれば職務価値が同程度だとはいえ、個々のポストで職務の内容は異なっている。いかにジョブ型制度とはいえ、異なる職務内容のポストを、統一の目線で評価するのは実際にはそう容易ではない。加えて評価者が異なれば、評価の甘辛といった問題も出てきて、目線を合わせるための取り組みが絶対必須である。大概の企業では、評価者間の目線を合わせるために、評価者会議のようなものを実施している。しかし、とくに職能型制度下においては、評価が複雑化してしまう傾向が強く、評価者間で相対的に評価分布を合わせる程度になってしまっているのが実態である。

　本来、評価制度は、「社員の業績・行動を公正に評価し、適切な処遇と成長に向けたフィードバック」をおこなうためにある。しかし、評価調整によって歪められると、評価の公正性は確保できず、フィードバックも機能しなくなる。評価会議で議論されるべきことは、評価分布の調整だけではなく、個々の評価の公正性や人材開発も含まれなければならない。

　そのためには、評価会議での評価の公正性は一段突っ込んだ議論にならなければならない。例えば、ある社員の業績評価が高いようであれば、「その成果認識は正しいか」「目標設定は妥当であったか」などという議論をしなければならない。コンピテンシー評価も同様に、個々人のコンピテンシーの具体的な行動事実まで踏み込んで、議論をする必要がある。これらの議論の積み重ねこそが、評価者の目線合わせに繋がるのである。

　評価会議内での議論を促進するフレームワークとして、「9ボックス」が有名である。縦軸に業績評価の結果、横軸に行動評価の結果を取り、それぞれのボックスに被評価者をプロットする。9ボックスを使うメリットは、被評価者の組織内での位置づけを可視化できることである。加えて、各人の育成方針を考えるうえでも有用な技法だ。一般的には、以上のような目的で使用されるケースが多いが、9ボックスは評価者間の評価目線を揃えるにも極めて効果的なツールである（図表5-5）。

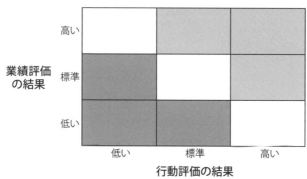

図表5-5　9ボックス

業績評価
の結果

高い　標準　低い

行動評価の結果

低い　標準　高い

　業績評価の場合は、各評価者が標準的な評価を下した部下の目標と、その達成状況について共有する。同様に、標準を超える評価を下した部下についても、それぞれの目標と達成状況を共有し合う。

　このワークを通じて、評価者間での目線のバラつきを具体的に明らかにすることができるうえに、その場での是正が可能だ。また行動評価に関しても、業績評価と同じ具合に、標準評価、標準を超える評価を下した部下の具体的な行動例を共有し合う。

　業績評価と行動評価のいずれも、評価の結果だけではなく、その根拠までをつまびらかに共有し合い、お互いの相違点を明確にすることが重要である。9ボックスによるワークを等級ごとに実施すると、自ずと等級に応じた評価目線が確立されてくる。9ボックスを生み出した当のゼネラル・エレクトリック社は、9ボックスの使用を止めてしまったが、人材の評価技術が未だ成熟していない日本企業にとっては、依然として導入するに値するものである。

　評価制度の運用は、どこまでいっても完全というものはない。その一方で、評価こそが人事制度と社員とをつなぐ結節点であり、制度の思想や哲学を組織に浸透させるために、評価の運用には特段の力を注いでいかなければならない。

　そもそも日本企業にとって歴史の浅いジョブ型制度の考え方を社員へ定着させるには、評価制度の運用が重要なカギを握っているのである。

第 6 章

ジョブ型制度における報酬制度

ジョブ型制度における報酬制度の位置づけ

◆ **等級制度・評価制度との関係**

本章では、ジョブ型制度における報酬制度についての解説を進めていきたい。

そもそも、人事制度は等級制度・評価制度・報酬制度から構成されるが、報酬制度は主として金銭報酬を通じて社員に報いていくという機能を果たす。

等級制度・評価制度は、社員に対して、個々に対する期待する職責や成果・働き方を定義づけるものである。

報酬制度は、それらに対して適正な報酬を付与することで、等級制度・評価制度を「意味のある制度」にする機能がある。

等級制度・評価制度がしっかりしていても、報酬が伴わなければ、社員の意欲は喚起することはできず、その人事制度は上手くいかない。等級制度・評価制度が社員への期待や方向性を示し、報酬制度はそれらに意味を与え、達成に向けた意欲喚起の機能を果たすのだ。

ジョブ型制度では、等級制度は「職務価値（ジョブサイズ）」の大きさに応じた格付けとなる。報酬制度においては、等級制度の区分ごとに異なる報酬水準・報酬幅を設計することになる。給与の部分は、とくに等級制度によって規定される部分が大きく、「職務給」と称されることが多い。評価制度は、職務ごとに求められる「業績」や「行動」等が評価対象となる。これらは、賞与や昇降給に反映することとなる。

すなわち、ジョブ型制度における報酬制度とは、「職務価値」あるいは職務ごとに求められる「業績」や「行動」に対して適切な報酬を支払うことで、それらの達成に向けて社員の意欲喚起を促す仕組みである。

もちろん、報酬制度には各種手当などもあるため、厳密にはその他の意味も含まれるものの、ジョブ型制度における主要な報酬制度の機能としては、「ジョブ」の意味づけをおこなう機能と捉えていただくといいだろう（**図表6-1**）。

図表6-1　ジョブ型制度における報酬制度の位置づけ

● 「**職務価値**」に基づいて、等級区分／格付けがなされている

・職務の大きさによって等級が区分
・職務記述書等による根拠付け
・個々の職務価値が測定され、現職者が相応の位置に格付け

● 他制度で規定される「**職務価値**」及び求められる「**業績**」や「**行動**」に対して報いる

・等級別、職種別の範囲給（職務給）
・等級別に定められた　昇給・賞与テーブル

● 職務ごとに求められる「**業績**」や「**行動**」に基づいて評価がなされている

・等級ごと／職務ごとに期待される指標（KPI）と達成基準
・等級ごと／職種ごとに期待される行動要件（コンピテンシーの充足度合い）

全社共通の報酬制度vs職種別の報酬制度

◆報酬制度の分岐点にある日本企業

　報酬制度を構築するにあたり、全社共通の報酬制度とするか、職種別の報酬制度とするかを決める必要がある。全社共通の報酬制度とは、基本的な給与構成や報酬幅、昇降給テーブルなどの仕組みを全社で共通化することである。一方で、職種別の報酬制度とは、営業や経理、エンジニアなどの職種ごとに異なる仕組みを持つことである。

　現在の日本企業において、多くの企業では全社共通の報酬制度を導入している。これは、異動を前提とした新卒採用・ゼネラリスト育成をおこなってきたことと深く関係がある。職種によって報酬制度が変わるようだと、異動をさせにくいからだ。そもそも、どのような職種にでも転換できる総合職としての人材が多く、人材確保は内部から充当することがほとんどであるため、職種別に報酬制度を分けるメリットがあまりなく、むしろデメリットの方が大きかったと言えよう。

　ジョブ型制度に舵を切っていくことで、この全社共通の報酬制度という考え方も徐々にシフトが求められるだろう。すでに、個々の仕事の高度化・専門化が進んでいるが、ジョブ型制度によりスペシャリスト型キャリアが中心となり、さらに高度・専門化は進むことが想定される。報酬制度は、採用・定着に大きな影響を及ぼす。とくに、高度・専門的な業務に従事する人材は、労働市場における報酬相場を押さえておく必要がある。社外の報酬水準と比べて、競争力のない水準であった場合、外部からの人材獲得が困難であるとともに、人材流出は大きなリスクになり得る。

　ただ、ジョブ型制度の会社が増えつつあるとはいえ、まだまだ総合職のようなゼネラリスト育成をおこなう企業も多く、日本の労働市場では職種別に報酬水準が極端に異なるということは少ない。そのため、当面は職種別に報酬制度を分けていく必要性も少なく、全社共通の報酬制度が日本企業としてスタンダードであり続けるだろう。

　では、全社共通の報酬制度をそのまま維持すればよいかというと、そういうわけでもない。全社共通の報酬制度という考え方では、上手く人材の採用・獲得ができない職種が出てきているからだ。とくに、人材獲得が過熱している職種などでは、その傾向が顕著である。例えば、エンジニアなどの職種では、優秀な人材の競合先は有力テック企業や将来有望なベンチャー企業だったりする。社内横一線の報酬制度でオファーを出しても、人材獲得が難しいことは言うまでもない。

　エンジニアに限らず、人材獲得競争が過熱する分野では同様のことが起こる。社外採用にこだわらず、社内の人材を育てあげることで人材を充当したとしても、育った人材が定着するとは限らない。企業が長い時間をかけて特定職種の人材を育成・定着させようとしても、その報酬が市場報酬と大きく乖離が起きていれば、定着させることは難しい。このような際に、一部の職種にあわせて、全体の報酬水準を引き上げることは、合理的な判断とは言えない。

　しかし、全体の報酬水準に合わせていると、特定領域の人材は採用・定着はせず、企業としては当該領域の業務をおこなうことができない。この際に、特定の職種においては、その職種は全体と切り離した報酬制度とすることも検討する必要があるだろう。

報酬設計上の4つのポイント

◆ **報酬水準の設定**

　報酬制度の検討にあたり、最初に考えなければならないことは、適正なターゲット報酬水準の設定である。ターゲット報酬水準とは、どの等級の人材にどの程度の報酬水準を付与するかというポリシーであり、報酬制度の根幹とも言える考え方である。

　報酬水準の設定にあたっては、社内・社外の両視点での検討が必要になる。報酬制度には、動機づけと定着促進の2つの大きな目的がある。動機づけには社内での適正格差、定着促進には社外との競争力のある水準を確保しなければならない。

● **貢献・職責に対する処遇**

　ジョブ型制度においては、等級の違いは職務価値の違いを意味する。概して高い等級ほど、会社への貢献度が高く、職責の高い仕事を担っている。動機づけの観点からすると、きちんと等級ごとに格差をつけることが、より貢献度や職責が高い仕事を担う社員に報いることとなる。社員の報酬への不満は、多くの場合、社内相対的な歪みから生じる。年功的な人事運用を続けていると、大した仕事をしていない年配社員が高い処遇を得ることとなる。いわゆる「働かないオジサン」問題である。

　一方で、若くして抜擢された社員は、重責であっても処遇は据え置きとなりがちである。すなわち、貢献・職責と処遇の不整合が生じており、動機減退の大きな要因になっている。なかには、若手管理職が上司として、年配の高処遇な部下を、指示・指導・評価しなければならないことも少なくない。このような状況では、若手管理職の動機減退は避けられない。旧態依然の年功序列的な社風の企業では、抜擢したエースが嫌気をさして転職することも多い。いわゆる「優秀な人から辞めていく」問題である（**図表6-2**）。

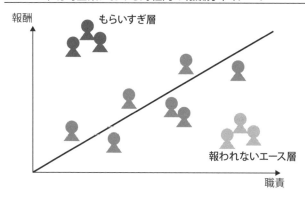

図表6-2　対社内の格差

年功的企業における対社内の報酬分布イメージ

報酬

もらいすぎ層

報われないエース層

職責

　ジョブ型制度は、現職者の年齢に関係なく、会社への貢献度や職責に応じて報酬格差をつける仕組みであり、貢献・職責と報酬の不整合を正していく仕組みである。等級間で適切な格差をつけていくことで、社内相対的に貢献度や職責が高い仕事を担う人材に相応の処遇をおこない、動機づけすることができるのである。

● 社外報酬水準との整合

　報酬水準の設定にあたっては、社外報酬水準を押さえることも同様に重要である。優秀な人材の定着は、企業にとって重要な人事課題となりつつある。

　いままでは日本では人材の流動性が低かったため、あまり他社水準を考慮する必要がなかったが、昨今の労働市場は変化しつつある。大卒の新卒入社者の約3割が入社3年以内に離職しており、若手層の人材定着率は決して高くない。かつて、転職は35歳までという考えが主流であったが、いまやミドル・シニア層にも広く門戸は開かれている。会社側からの終身雇用の保証がなくなった現代においては、社員側も転職は身近なキャリアチェンジの選択肢になっている。

　社外と比べて競争力のある報酬水準を担保することは、人材流出を防止するために必要な措置のひとつである。もちろん、人材定着には、金銭的報酬だけではなく、非金銭的報酬も重要である。経営陣との信頼関係、仕事のやりがい、職場の人間関係、キャリアの展望などの非金銭的報酬は社員の定着に大きな効果を及

ぼす。

　では、これらの非金銭報酬が充実していれば、人材は定着するかというと、そういうわけではない。報酬水準が社外と比して低い場合、非金銭的報酬が充実していたとしても、社員の不満足は出てきてしまう。このような企業では、「会社は好きだが、将来を考えると不安なため転職する」という退職者が一定数出てくることになる。

　かつては、企業の報酬水準はブラックボックスであり、社員が社外の報酬水準を意識することが少なかったが、いまは情報のオープン化が進みつつある。Open Workをはじめとした社員クチコミサイトでは、他社の報酬水準を垣間見ることができる。また、転職エージェントは以前より身近な存在になり、社員はその気になれば、自身の市場価値をかなり正確に把握することができる。企業は、この事実を受け止め、自社の報酬水準が社外報酬水準と比して、競争力のある水準にあるかを把握しておかねばならない。

　とくに、腕に自信のある次代を担うエース社員は、社外の報酬水準に対する感度が高く、他社からの好条件のオファーに気持ちが傾くことが多い。エース社員に抜けられると、その影響は他の職場メンバーに重くのしかかる。職場の業務負荷は高まり、ミスやトラブルに繋がるリスクも高まる。このような職場では、負荷の集中した社員が連鎖退職するなど、さらなる問題も起こり、安定的な業務運営が困難になるケースも少なくない。社外の報酬水準を踏まえた競争力ある報酬水準は、健全な職場環境を保つために欠かせないポイントなのだ。

　実際に、コーン・フェリーが支援するプロジェクトでも、20代後半から30代前半の報酬水準が低いために、人材流出が相次いでいた企業もあった。その会社はIT企業であり、人材流動性の高い業界ということもあるが、新卒で入社し、一人前としてこれから活躍が期待される世代の退職が相次いでいた。社風の良い会社であったが、業界のなかでも低い報酬水準が高い離職率の一因であることは、過去の退職者分析やヒアリングですぐに判明した。報酬水準の引き上げは、固定費の引き上げに繋がるため、経営陣としては難しい決断である。しかし、採用・教育に投資し、これから活躍するというところで報酬水準が理由で辞められてしまうのは、経営効率が悪い。同社では、固定費向上に繋がるが、市場競争力のある報酬水準へ見直したことは言うまでもない。

　自社の報酬水準が労働市場で競争力を確保できているかは、人事制度の改定云々をさておき、常に把握していなければならないことなのである。

● 社外報酬水準の目安

　社外報酬水準の把握は、厚生労働省が刊行している『賃金構造基本統計調査（賃金センサス）』をはじめとした外部機関の公開情報を活用することが有効である。

　コーン・フェリーでも、グローバルで報酬調査を展開しており、日本でも約260社（2020年現在）が参加している。参加企業は、職務評価により測定したジョブグレードをもとに、世間水準・業界水準と比較することができる。これらの報酬情報をもとに、人事部門は自社の報酬の市場競争力をある程度把握しておくとよいだろう（**図表6-3**）。

　このように社内・社外の両観点での検討を経て、等級区分ごとのターゲット報酬水準を決めていく。等級区分ごとにきちんと格差がついていることが、社内の不満や不公平感を緩和する。また、社外と比べて競争力のある水準を確保するこ

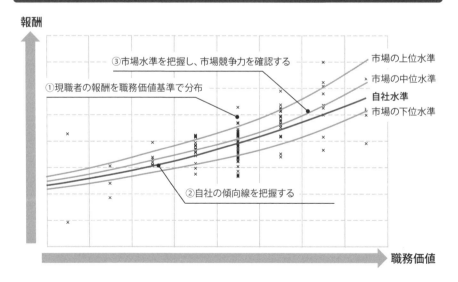

図表6-3　対社外の格差

とが、社員の意識を外に向けずに職務へ集中させることに繋げられる。それらを考慮のうえで、良いバランスのターゲット報酬水準を探すことが重要である。

◆ 報酬構成の検討

　報酬水準が決まると、次に検討しなければならないのは報酬構成である。その際に、まず決めなければならないのは、給与と賞与の比率である。一般的に給与は固定的な人件費、賞与は変動的な人件費と位置づけられる。

● 給与比率と賞与比率の乖離の問題

　賞与比率が低いということは、固定部分が大きく、ローリスクローリターン型の報酬となる。一方で、賞与比率が高いということは、変動部分が大きく、ハイリスクハイリターン型となる。一般的な賞与比率は『賃金構造基本統計調査（賃金センサス）』によると大企業で約26%（約4.2カ月分）程度であるが、ある程度世間での給与・賞与比率を踏まえておく方が望ましい。

　これらの比率と乖離がある場合、経験則上、何らかの人事的な問題が生じているケースが多い。ある医療機器メーカーでは、給与比率が高く、賞与比率は約10%（約1.4カ月）程度であった。そこでは、賞与にあたる変動部分が低く、社員の成果に対するコミットメントが低かった。「やってもやらなくても同じ」という意識が社員に蔓延していたのだ。また、年収水準では社外と比べて遜色はなかったが、月給は社外と比べて明らかに高かった。そのため、社外に転職しようとしても、同社より月給ベースで良い条件の求人は少なかった。これは、人材採用・定着の面ではプラスとも言えるが、代謝という点では問題がある。同社でなかなか活躍できない人材も、社外への転職を選択肢として考えず、滞留傾向が見られた。全社的に緩んだ組織風土が蔓延し、組織は不活性な状態に陥っていた。高い固定比率が組織に緩みをもたらしていたのである。一定の変動比率は、組織の健全性を保つためには重要と言えよう。

　賞与比率が高い企業では逆の現象が起きる。営業色の強い組織では、賞与比率が高いことが多いが、過度な変動比率は短期志向を招きがちである。このような組織では、目先の業績達成に注力しすぎるあまり、将来の事業の種まきや組織づくりが疎かになる。業績プレッシャーに耐えかねて、離職する社員も相次ぐこと

が多い。賞与比率が高いということは、年収水準が労働市場と比して遜色なかったとしても、給与水準は低くなる。労働市場において給与水準は重要な要素であり、想定年収が高くても給与水準が低い企業が即戦力人材を獲得することは難しい。そのため、常に業績プレッシャーのため離職する社員がいる一方で、未経験者しか採用できないという事態になりがちである。このような企業で持続的成長を遂げるのは難しいことは言うまでもない。

● 市場水準がひとつの基準

ある程度、市場水準に応じた変動比率とすることが必要であることは理解いただけたであろう。日本の労働市場のなかで、市場と乖離した変動比率を持つと、健全な獲得・定着・代謝を歪めてしまう。一方で、変動比率の是正には相当の苦労を要する。とくに給与比率が高い場合、全体の人件費水準を維持しながら給与比率を下げていくのは大変である。社員の多くは、現存の給与・賞与をもとに生活を組み立てており、給与の減額は社員の生活設計に大きな影響を及ぼす。たとえ賞与を積み増し、同程度の報酬を担保するとしても、社員がすんなり納得することはない。そのため、比率の是正には工夫が必要になる。先ほど例にあげた給与比率の高い医療機器メーカーでは、制度導入以降の昇給原資を圧縮し、複数年かけて賞与原資に積み増していった。つまり、制度移行時点で一気に報酬構成を入れ替えることはせずに、徐々に変更していくことを選択したのである。

このように、市場水準を踏まえ適切な変動比率を設定することで、ターゲット年収を月給分と賞与分に分けることができる。月給分については、そこからさらに構成を詰めることになる。

ジョブ型制度の給与は、多くの場合、職務給と諸手当という構成になる。詳細は後述の手当の項目で解説するが、ひとつひとつの手当について要不要を検討したうえで月給の構成を定める。職務や職責との関連性を高めるためには、属人的な手当項目は職務給に統合した方が望ましい。

ただし、過去の組合交渉の経緯や個々手当の有用性を加味しながら、慎重に決める必要がある。

◆ 報酬幅の決定

　各種手当の取り扱いの方向性が決まり、職務給のターゲット水準が明確になると、職務給の報酬幅を決めなければならない。職務給の報酬幅には大きく以下の3つのタイプに分かれる。

　①マルチレート型（重複型）
　②マルチレート型（階差型）
　③シングルレート型

　職務給＝シングルレート型を想起する人も多いが、決してそういうわけではない。職務給とは、職務価値で格付けされた職務等級に基づき決定する給与であり、マルチレート型も職務等級によって給与を規定される仕組みであり、その一類型に位置づけられる。

　それぞれのタイプの違いは、報酬の幅に他ならない。報酬に幅を設けるということは、同一等級内での報酬の違いを一定程度は許容するという考え方である。

　シングルレート型は、同一等級内では同一報酬であり、職務価値と報酬を強固に結びつけるメリットがある。

　マルチレート型は、同一等級内に複数レベルの報酬を許容することになり、職務価値と報酬の結びつきは緩やかになる。とくに重複型では、上位等級を上回る報酬を許容しており、等級間の逆転も起こり得る。

　一方で、シングルレート型は職務価値と報酬の結びつきが極めて強く、純度の高いジョブ型制度であると言える。そのため、職務給＝シングルレート型を想起する人が出てくるのであろう（**図表6-4**）。

● 報酬幅と人材獲得の問題

　人材獲得の観点では、報酬の幅が狭いと人材獲得をしにくくなる。シングルレート型では、中途採用で人材獲得をおこなう場合、処遇条件の選択肢は一択にならざるを得ない。業界内での最高峰の報酬水準を担保していないかぎり、同業界から即戦力人材を獲得することは困難であることは言うまでもない。

　階差型でも報酬幅は狭くならざるを得ず、採用時に求職者へ十分な条件を提示できないケースも起きがちである。報酬の幅が広い方が社外からの人材の受け入

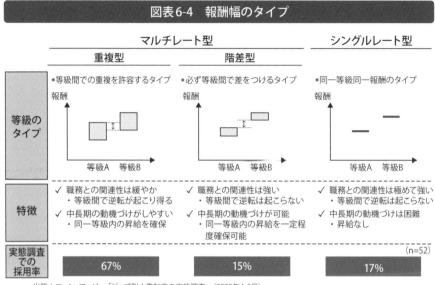

図表6-4　報酬幅のタイプ

出所：コーン・フェリー「ジョブ型人事制度の実態調査」（2020年4-5月）

れがしやすく、重複型が最も柔軟性の高い仕組みと言える。人材流動性が高く、社外からの中途採用の受け入れが欠かせない業界では、報酬の幅は広めにとらざるを得ない。狭い報酬幅を持つ企業で、どうしても人材を採用したい場合には、本人の担う職責より上位の等級でオファーする運用をおこなう企業も見かけることがある。

　しかし、これは本来のジョブ型制度の趣旨からは反した運用であり、望ましい運用の形ではない。制度設計時点で、ある程度の中途採用可能性などを見込んで、報酬幅は設計することが必要なのである。

● 報酬幅と動機維持の問題

　また、中長期的な動機維持の観点でも、報酬の幅を考慮する必要がある。とくにシングルレート型では、中長期的な動機維持が困難なケースが多い。シングルレート型では、上位等級に昇格しないかぎり給与が上がらない。ジョブ型制度において、上位等級に昇格するのは、上位ポジションに就任すること以外にあり得ない。すなわち、上位ポジションに空きがなければ、給与が上がることはない。

また、現職のポジションにいる期間は、良くも悪くも給与は変わらない。もちろん、賞与で変動する部分はあるにせよ、給与が個々人の動機に与える影響は少なくない。給与が全く変わらない状況で、中長期的に動機を維持することは困難であることは言うまでもない。実際に、過去にシングルレート型を導入した企業に話を聞くと、中長期的な動機維持を問題視する企業は多い。上位ポジションが詰まっていることが分かると、有望な次期幹部社員が転職してしまうことが頻発するそうだ。

● 報酬幅と現職者の移行の問題

　後述するが、現職者の移行という点でも、報酬幅を広くとることが多い。現行報酬から新報酬に移行する際に、各等級の上限を超える報酬の場合、上限まで是正していくことが必要になる。報酬幅を狭くすると上限超過者が出ることが多く、制度導入に対する理解を得にくいのだ。とくにシングルレート型は職務価値との相関が極めて強く、ジョブ型制度の特徴を色濃く反映した仕組みではあるが、現実的な移行や制度運用を考慮すると、それを成り立たせることは難しい。コーン・フェリーがおこなった実態調査においても、重複型が約7割を占めていた。実際にジョブ型制度を導入する日本企業でシングルレート型を採用する企業は少数派であり、多くはマルチレート型を選択しており、そのなかでも重複型が多いのが実態である。

　実際に、範囲給の設定をおこなう場合には、等級ごとにターゲットとする給与水準をもとに幅を設定することとなる。報酬幅を狭めると、職務価値と報酬の関係性は強まるが、人材獲得や中長期的な動機維持はしにくくなる。報酬幅を広げると、人材獲得や中長期的な動機維持はしやすいが、職務価値と報酬の関係性は希薄化する。この相矛盾する要件のバランスを上手くとりながら、範囲を設定することがポイントになる。コーン・フェリーの支援実績からすると、プラスマイナス10～15%程度が標準的な幅と言える。

◆ 現職者の移行影響

　報酬設計上、もうひとつ重要なポイントは現職者の移行である。現職者の移行は、人件費原資と制度導入の難易度に大きく関わってくる。

● 人件費原資の考え方

　職務給の新報酬幅にあわせ、現職者の現報酬をプロットすると、報酬幅との適合度合いが明らかになる。報酬幅の上限を超過する社員は、新制度導入後に上限まで引き下げなければならない。また、報酬幅の下限に到達していない社員は、下限まで引き上げる必要がある。この超過者・未達者の人数と金額ギャップを試算すると、新制度における人件費原資の増減を見積もることができる。

　人件費原資の増減は、経営上の重要な判断要素である。実際の意思決定の現場では、職務給だけではなく、一定の前提をおいて、賞与も含めた人件費原資の増減を押さえることが必要となる。

● 導入の難易度

　この分析を通じて、導入の難易度もあわせて判断が可能になる。上限超過者が多い場合は、不利益となる社員が多く発生するため、導入の難易度は高くなる。

　一方で、上限超過者が少ない場合は、導入の難易度は低い。新たにジョブ型人事制度を導入しようとする場合、全ての社員が満足する制度導入はないため、一定数の社員が不満足を感じることは仕方ないことである。

　ただし、多くの社員が不満足を感じる仕組みであっては、導入後の社員の活性化はのぞみにくい。そのため、人件費原資の増減にあわせ、便益・不利益を受ける社員の規模感をきちんと把握したうえで、着地点を模索することが必要になる。

● シングルレート型の報酬幅の課題

　この検討を進めていくと、シングルレート型の報酬幅は相当に難しいことが判明する。原資イーブンの改正の場合、現職者の報酬水準の平均的な報酬をもとに報酬水準を設定せざるを得ない。シングルレート型を選択した場合、社員の半数の給与が上がり、社員の半数の給与が下がる事態が発生する。この制度改定は、暗礁に乗り上げる可能性が高い。

　確かに、人事制度改定において全員が満足する方法はない。しかし、大勢が肯定的な制度改定でなければ、多くの社員を動機づけることはできない。コンサルティング現場の肌感覚としては、約8割強の社員が前向きに捉え、約1割程度の社員が不満足を感じるくらいが良い比率と言える。

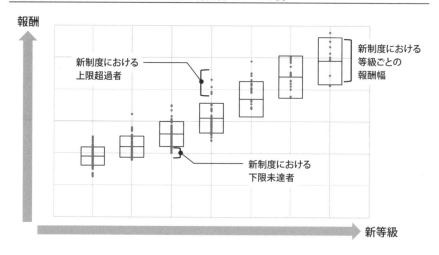

図表6-5　現職者の分布

報酬幅と現職者のプロット例

報酬

新制度における
上限超過者

新制度における
等級ごとの
報酬幅

新制度における
下限未達者

新等級

　給与の減額は、たとえ正当な理由があろうとも、該当者に強い不信感や不満が出てくることを覚悟しなければならない。中間層が制度に対してネガティブな感情を持つような制度にしてしまうと、不満を持つ社員が大勢を占めてしまう。

　つまり、上手く人事制度を導入するためには、中間層の給与が下がらないように配慮し、新制度の合理性をきちんと説き、新制度に対する全社的に前向きな空気感を醸成することが極めて重要である。前項で日本企業においては、重複型の報酬幅を選択することが多いと解説したが、現職者の移行のしやすさも大きな要因のひとつである（**図表6-5**）。

● 移行措置の検討

　各等級において報酬幅の上限を超過する社員は、新制度導入後に上限まで引き下げなければならない。これは不利益変更にあたるため、丁寧にコミュニケーションをする必要があるとともに、移行措置を検討する必要がある。コミュニケーションについては後述するため、本項では移行措置について解説する。

　移行措置は、不利益の度合いを見ながら、決めることになる。多くの場合、制

度導入時に給与を一気に引き下げるのではなく、複数年かけて引き下げることとする。この措置には2つの意味合いがある。

ひとつは、「激変緩和」という意味合いである。社員にとって給与は生活の基盤とも言える。そのため、給与の引き下げに合理性があるとはいえ、即座に引き下げると社員の生活が立ちいかなくなる。よって、段階的に引き下げることで、徐々に生計費のスリム化をおこなってもらい、慣れてもらうという考え方である。

もうひとつの意味合いは、「挽回のための猶予期間」である。企業としては、社員の動機を減退させることを制度改定の目的としているわけではない。給与を引き下げることは本意ではなく、本来は給与に見合った高い職責を果たして頑張ってもらうことが望ましい。

そのため、制度導入時点で、本人にきちんと制度の趣旨を伝え、能力開発や意識変革に取り組んでもらい、猶予期間が終了する前に一段高い職責を任せられることが理想的と言える。過去に年功的な制度を構築・運用してきたのは企業の責任であり、ジョブ型に切り替えた際に起こる報酬の減額は本人だけの責任ではない。制度に即して、全てドライに対応するのではなく、再起の可能性がある人材には再起の道を示すことも企業の責務のひとつと言えよう。

このように移行措置には、激変緩和だけではなく、挽回のための猶予期間という意味合いがあることを人事部としても理解しておかねばならない。報酬の改編にあたっては、このような移行措置や社員へのコミュニケーションを十分に考慮したうえで、制度を固めていくことが重要である。

各等級において報酬幅の下限に未達の社員は、制度移行時に一気に引き上げることが必要である。報酬を減額する方を段階的にするのだから、増額する方も段階的にすべきと考えるのはお勧めしない。それは、制度移行に時間をかけていると、次年度以降の制度運用との不整合が生じるからだ。

制度導入の次年度には、通常の昇格運用がスタートする。当然、昇格者が昇格後等級の報酬下限に未達であれば、下限まで引き上げることとなる。しかし、報酬引き上げの制度移行を複数年かけておこなっていると、制度移行対象者と新規昇格者の報酬逆転が起きてしまう。本来、制度移行時点で下限未達の社員は、低い報酬にもかかわらず高い職責を果たしており、動機づけすべき対象である。そ

れが、後から昇格した社員に報酬面で追い抜かれるのでは、かえって不満や不信感を持たせかねない。コストだけを見て移行を考えていると、このような見えないデモチベーションに気づきにくいが、配慮すべきポイントである。

　制度改定の局面では、「減額する方を段階的におこなうのだから、増額する方も段階的にすべき」という一見、もっともらしい意見が出ることは多い。とくに、人件費コストとの兼ね合いでは、このような意見が経営陣のなかで支持を得ることも多い。しかし、本来、動機づけすべき人材のモチベーションを下げる改正はすべきではない。コスト的にはアンバランス感があるかもしれないが、「減額する方は段階的に、増額する方は一気におこなう」方式を強く推奨したい。

ジョブ型制度における昇降給

◆**報酬カーブ**

　シングルレート型の報酬制度では昇降給という考え方がない。同一等級同一報酬のため、昇降給という概念自体がないのだ。そのため、本項で取り扱う昇降給とはマルチレート型の報酬制度における昇降給と捉えていただきたい。

　一般的に、昇降給は評価結果に基づいて、昇降給をおこなう昇降給テーブルを設計するものである。その際に、まず検討しなければならないのは、報酬カーブのあり方である。昇降給テーブルを設計する際には、同一等級の報酬幅のなかで、どのような報酬の上がり方をしていくかを決める必要がある。

　大きな論点としては、報酬カーブの屈折点を持つかどうかである。単一カーブとするか、屈折点を持つ屈折カーブとするかが論点になる。単一カーブはシンプルな昇降給テーブルとなり分かりやすいが、右肩上がりの報酬カーブとなり上方硬直的な報酬となるリスクがある（**図表6-6**）。

図表6-6　報酬カーブのタイプ

	単一カーブ	屈折カーブ
概要	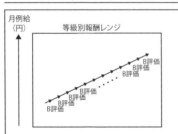 ● 同等級内で、同評価であれば同昇給とする考え方	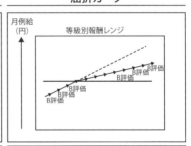 ● 同等級内で、上位報酬ほど昇給額を抑える考え方
メリット デメリット	× 標準評価であれば、報酬の上限まで昇給し続け、報酬が上方硬直的になりがち ○ シンプルで運用の煩雑さが少ない	○ 標準評価でも、報酬カーブを寝かせることができ、人件費高騰を防ぐ △ 屈折点を増やすと運用が煩雑（2～3程度が適切）

一方で屈折カーブは複雑な昇降給テーブルとなるが、報酬カーブが寝ていくため、コスト抑制効果を見込むことができる。また、屈折点を持つことにより、対象社員に上限が近いことを示し、上位等級への昇格を促すことにも繋がる。

　どちらのカーブとすべきかについては、報酬幅の広さとも関連してくる。報酬の幅が広い重複型の報酬の場合、単一カーブでは報酬が右肩上がりに引き上がってしまうため、屈折カーブを選択するケースが多い。日本企業においては、現職者の移行の問題もあり、幅が広い重複型の報酬とすることが多いため、自然と屈折型の報酬カーブが多いと言える。

● 屈折カーブの昇降給テーブル

　屈折カーブとするときの、昇降給テーブルについて解説する。

　まず、等級ごとの報酬幅をいくつかに分割する。あまり細かく分割しすぎると、複雑になりすぎるため、2区分か3区分くらいが望ましい。仮にそれぞれの区分を「ゾーン」と呼ぶこととする。各ゾーンと評価結果のマトリクスによって昇給額（あるいは昇給率）が決定するテーブルを作る。同一評価でも上位ゾーンほど低い昇給額（あるいは昇給率）とするテーブルとすれば、屈折する報酬カーブになる昇降給テーブルができる。この際に、昇給額ベースとするか、昇給率ベースとするかについては、大きな機能上の違いはない。毎年、業績によって昇給原資を変動させる場合には、このテーブルに調整係数をかけるような仕組みにしておけばよい。

　コンサルティングの現場では、報酬幅を広くとったときには、3区分のゾーンを提案することが多い。最上位のゾーンは標準評価では昇給しないテーブルとすることで、右肩上がりに報酬が上がっていくことを防ぐ。

　また、最上位のゾーンでは低評価では降給する仕組みとすることで、中長期的には真ん中のゾーンに収斂するように報酬制度を組む。報酬幅を広くとることで、制度上では職務価値と報酬の関連性が緩やかになることが懸念されるが、真ん中のゾーンに収斂するような仕組みを入れることで、実質的に職務価値と報酬の関連性を強めることができる。このような制度の繋がりをきちんと押さえておくことが重要である。

　このゾーン別の昇給テーブルは、評価だけではなく、個々の社員の給与持ち分

図表6-7　昇降給テーブルイメージ

報酬レンジを複数に分類　　　　**昇給テーブルイメージ**

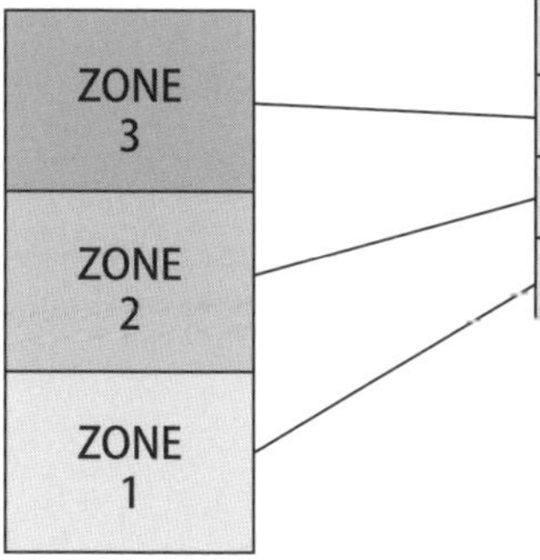

		評価結果				
		S	A	B	C	D
ZONE 3		↑↑	↑	−	↓	↓↓
ZONE 2		↑↑↑	↑↑	↑	−	↓
ZONE 1		↑↑↑↑	↑↑↑	↑↑	↑	−

ZONE 3

ZONE 2

ZONE 1

↑↑：大きく昇給
↑ ：昇給
− ：ステイ
↓ ：降給
↓↓：大きく降給

額を要素として組み入れたものである。言い換えると、すでに高い報酬を得ている社員は、高評価を得ないかぎりは昇給が難しくなる仕組みである。会社の期待値としては、高い報酬を得ている社員は良い評価を得て当然という考え方だ。

　そのため、滞留年数が長くなり、上位ゾーンに突入すると、高評価を取るか、上位の職責について昇格する以外に昇給するチャンスはなくなる。すなわち、長期滞留者に危機感を与え、奮起を期待する仕組みでもある。

　人事制度は社員に様々な刺激を与える仕組みである。報酬カーブを屈折させることには、コストセーブ以外にこのような人事的な意味合いがあることも押さえておきたいポイントである（**図表6-7**）。

● モデルカーブを作る

　報酬幅や昇降給テーブルを検証するうえでは、モデルカーブを作ってみることが有効である。報酬制度は、社員への報酬の配分を決める仕組みである。狙ったとおりに報酬の配分ができているかをきちんと確認することは重要と言える。とくに、管理職だけではなく、非管理職も含めて人事制度全体を変えたときには、どのような報酬カーブになるかというできあがりの姿を押さえておくことを推奨したい。

図表6-8　昇給モデルイメージ

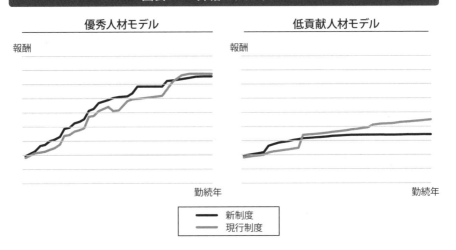

優秀人材モデル　　　　　　　　　低貢献人材モデル

報酬　　　　　　　　　　　　　　報酬

勤続年　　　　　　　　　　　　　勤続年

――― 新制度
――― 現行制度

　モデルカーブの作り方は、定年時に到達する等級を仮決めすることから始める。部長相当の等級まで昇格するのか、課長相当の等級までか、あるいは一般社員相当の等級までとするのかを決める。そのうえで、入社時点からの昇格ステップや評価トラックを決めていくのである。厳しい言い方になるが、自社における「優秀人材」「標準人材」「低貢献人材」の昇格パスをモデル化することになる。そのうえで、昇降給テーブルに合わせて、手当や賞与も含めて人材モデルごとに、どのような年収・給与カーブになるかを検証していく（**図表6-8**）。

　報酬水準を検討する際に、外部の報酬水準を押さえておくことを推奨したが、「優秀人材」が転職を考える時期に他社へ目移りしない報酬水準を確保できているか等は、重要なチェックポイントと言える。

　また、「低貢献人材」を過度に引き止めない報酬水準に抑えることも重要である。「低貢献人材」の議論は決して楽しくはないが、人事制度構築上は避けて通れない。自社の業務フィールドでは、活躍が厳しいかもしれないが、他社では見違えるように活躍するケースも少なくない。自社にフィットしない人材が定着し続けることは、会社にとっても本人にとっても有益なことではない。キャリアの前半期であれば、他社への転身機会があったものも、キャリアの後半期では転身機会も狭まっていく。きちんとした評価をおこなったうえで、報酬上昇を抑える

ことで、本人の転身への「気づき」を促すことも本人のキャリアのためには重要である。本人の転身を後押しする仕組みとして、退職金の積み増しをする早期退職制度を準備するケースもある。

　人材の獲得・定着戦略のことを「A&R（Attraction & Retention）戦略」と呼ぶが、人材タイプ別にモデルを策定することで、A&R戦略をよりクリアにすることができる。

手当の考え方

◆ 属人的な手当の扱い

　ジョブ型制度を導入する際は、「報酬は仕事に応じて支払われるべきである」という大方針に基づくケースがほとんどである。

　手当には仕事に関連する手当と属人的な手当に分かれ、属人的な手当はジョブ型制度導入に際しては見直しになることが多い。住んでいる場所や家族構成などによって支払われる住宅手当や家族手当等は、本質的には仕事の価値とは関係なく、「報酬は仕事に応じて支払うべき」という大方針に反するからだ。独身社員と家族持ちの社員で報酬を分けていくことに、企業が何らかの意味を見出せるかがポイントと言える。

　かつては、これらの属人的な手当には意味合いがあった。社員のライフイベントに応じて手当を付与していくことで、企業への帰属意識を高めることができたからだ。社員も家庭を築くことによる生計費の上昇に対して補助を受け、安心して企業への一層の貢献をしてきた。企業と社員の双方にとって、属人的手当が上手く機能してきたと言える。

　しかし、これらの属人的手当は、「家族持ち社員」を前提とした画一的な社員モデルをもとに設計されてきた。そのため、モデルから外れる社員からすると不公平な仕組みとなる。日本社会全体で未婚率が増えてきており、独身社員は多くなってきている。また、LGBTQなど性的マイノリティで悩む社員も徐々に増えつつある。「家族持ち社員」に手当を付与するということは、マイノリティに対して見えない格差をつけてしまうことを意味する。

　企業内の社員属性も多様化していくと、特定の社員モデルに対する優遇は不満の温床となる。例えば、職場内で産休・育休などが続くと、職場に業務上の負荷がかかる。マイノリティの社員は、大抵、負荷を受けるほうである。多くの職場では、それらの見えない負荷に対しては寛容であり、むしろ出産・育児を何とか応援しようということが多い。しかし、手当などの「目に見える格差」をつけ続けるべきかどうかは、慎重に考えるべきであろう。

　筆者は、産休や育休などは、積極的に取得する方が望ましいと考えている。しかし、それらは職場の善意によって支えられている側面も大きいことを理解しなければならない。職場内のメンバーが相互に支え合える関係を築くためには、特定の社員が属人的手当によって優遇される状況は望ましくないだろう。

　ジョブ型制度を導入するタイミングは、企業がヒトから仕事（ジョブ）へ価値観をシフトしていく良いタイミングでもある。この機に手当の意味合いも含めて検討することを推奨したい。

　実際に、コンサルティングでジョブ型制度の導入支援をする場合は、属人的手当を廃することも多い。ジョブ型制度は、管理職を中心に導入する企業も多いため、比較的廃止が容易という要素も大きい。非管理職まで含んだ制度改定においては、組合対応も必要となるため、どこまで踏み込むかは企業次第である。非管理職は給与の絶対額が管理職より低く、属人的手当が占める比率も高いため、これらの手当の廃止が難しいことも事実である。

　実際的には、全体的なバランスを考慮したうえで、どこまで踏み込んだ改定とすべきかを慎重に見定めることが必要である。

賞与の考え方

◆全社業績と個人業績

　賞与とは、組織や個人が達成した業績に対する精算報酬と言える。多くの企業は全社業績と個人業績を賞与に反映している。この際、全社業績は賞与の原資そのものを決定する指標、個人業績は個々の配分を決定する指標と整理すると分かりやすい。全社業績は社員全員に影響する指標であり、全社業績のうちどの程度を社員に還元するかを経営視点で決める指標である。

　一方で、個人業績は、限られた賞与原資のなかで、誰に優先的に配分するかを現場マネジメント視点で決める指標である。全社業績を賞与原資の決定指標と持つことで、賞与は変動性を持ち、経営環境の変化に応じたコスト構造を持つことができる。同時に、社員の全社業績に対する意識づけをおこなうことができる。

　また、個人業績を個々の配分の決定指標とすることにより、個々人の業績と報酬を関連付け、業績達成に向けての意欲喚起をおこなうことができる（**図表6-9**）。

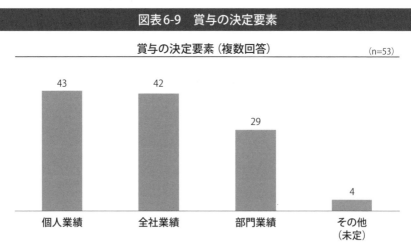

図表6-9　賞与の決定要素

賞与の決定要素（複数回答）　　(n=53)

個人業績	全社業績	部門業績	その他（未定）
43	42	29	4

出所：コーン・フェリー「ジョブ型人事制度の実態調査」（2020年4-5月）

◆部門業績

賞与の決定要素に部門業績を入れる企業もあるが、部門業績は部門単位の配分を決定する指標と捉えるとよいだろう。とくに大企業では、部門ごとに業績のバラつきが大きいこともあり、一律的な配分では不満が生じることもある。例えば、黒字部門と赤字部門が同程度の賞与配分の際に、黒字部門は相対的に報われていないと感じるだろう。部門業績の反映とは、部門業績の良し悪しに応じて、評価分布や賞与額に調整をおこなうことをイメージするとよいだろう。

そもそも、部門業績賞与が向く組織もあれば、向かない組織もある。とくに、業績が部門単位で切り分けにくいような組織では、業績の違いを認識しにくいため、部門業績賞与が向かない。例えば、営業・マーケ・開発・生産に組織が分かれている機能別組織で、機能別に業績を分けていくことが難しい場合には部門業績賞与は向かない。一方で、事業別組織のように事業単位で業績が明確に区分されている組織では、部門業績は比較的入れやすい。そのため、業績の切り分けがきちんとできるかどうかを、導入前に考える必要がある。

部門業績を導入する最大の利点は、社員の部門業績に対する意欲喚起である。ただし、部門業績を入れることによって、部門間の壁ができ、部門最適に陥りやすくなるリスクもある。部門業績を意識するあまり、他部門への協力要請より自部門の人員確保を最優先してしまうということはよくある。また、業績不振部門に社員が行きたがらなくなるため、部門間異動も難しくなる。部門業績に対する意識喚起という利点はあるものの、部門最適や縦割りの組織風土を醸成しがちという欠点があることを理解しておかねばならない。

とくに部門業績によって大きく処遇に差をつける場合には、これらの欠点は顕在化しやすく、スムーズな部門間連携を阻害しかねない。そのため、どの程度の差をつけるかは慎重に見極める必要がある。

◆個人業績への配分スキーム

ここまでは全社業績・部門業績について論じてきたが、ここから個人業績を反映した個々の配分スキームについて解説を進めていく。

賞与配分は大きく分けると2つのスキームがある。「給与連動型」と「等級連動型」である。給与連動型における決定要素は給与と評価結果であり、等級連動

型における決定要素は等級と評価結果になる。給与連動型では、個々人の給与が
ベースとなるため、同じ評価でも人によって賞与額が異なることになる。一方
で、等級連動型では、給与と賞与の関連性がなくなり、同一等級同一評価であれ
ば賞与額は同じになる。

　どちらを選択すべきかは、個々人の給与の妥当性によるところが大きい。賞与
は、個々の業績に対する報奨であり、高い業績を上げた社員ほど高い賞与をもら
うべき報酬である。マルチレート型の職務給を導入し、報酬幅を広くとった場
合、移行時点での給与の妥当性は決して高くない。報酬幅の上限に近い社員は、
過去の制度に基づく給与を引きずっており、決して職責や実力を反映しているわ
けではないからだ。概して制度移行時点では新制度における評価を反映しておら
ず、会社が考える望ましい報酬序列とはギャップがあることが多い。このような
状況で、給与連動型賞与を導入すると、企業が配分したい序列感にそぐわない賞
与配分となってしまう。例えば、低評価の社員と高評価の社員で賞与額の逆転が
起こり、過去の制度で厚遇を受けていた社員が引き続き高い賞与を受け取ること
などが起こる。給与連動型とは、移行時点では過去の制度の特徴を引きずる制度
なのである。そのため、過去に年功的な制度を運用していれば、当面年功的な賞
与になってしまう。

　コンサルティングの現場では、過去に年功的な運用をおこなっている企業の相
談を受けることが多く、その年功的要素を断ち切るために、等級連動型へと舵を
切る企業が多い。賞与は○ヵ月分というコミュニケーションがしにくくなるのが
難点ではあるが、導入してしばらく経つと、ほとんどの企業が新しい賞与テーブ
ルに慣れるものである（**図表6-10**）。

　評価結果によって高評価と低評価の差をどれだけ付けるかが、いわゆる「評価
のメリハリ」と称される部分である。メリハリを付けすぎると、短期思考に陥る
リスクがある。一方で、メリハリがなさすぎると、社員の貢献意欲を引き出すこ
とができない。メリハリをどの程度付けるかは、経営層や評価者の意志を反映す
る部分も大きく、各社によって大きく分かれるところだ。制度上ではメリハリが
付く仕組みになっているが、実運用はほとんど中心化しているということも少な
くない。反対に、思いっきりメリハリが付くような運用をしている企業もある。
オーナー企業などで経営陣がかなりパワフルな場合、メリハリが付く運用をして

図表6-10　賞与の決定方式

給与連動型

給与 （職務給等）	×	評価別 支給率

評価結果				
S	A	B	C	D
3カ月	2.5カ月	2カ月	1カ月	0.5カ月

等級連動型

等級別 ポイントテーブル	×	ポイント 単価

（単位：1万円）

	評価結果				
	S	A	B	C	D
等級A	120	100	80	40	20
等級B	100	80	60	30	15
等級C	60	50	40	20	10

いることが多いように見受けられる。

　コンサルティング上の経験則から言うと、最高評価と標準評価の場合、1.5〜2倍くらいの差を制度上、メリハリが付くように設計することが多い。標準者が100万円の賞与であれば、150〜200万円程度を最高業績達成者の賞与とするといったイメージだ。もちろん、会社や業態によって違いはある。

　ただ、評価者が実際に中心化せず、評価をきちんと付けられるようにするためには、このくらいのメリハリがひとつの目安になるであろう。

第 **7** 章

導入コミュニケーション

導入コミュニケーションの重要性

◆いかにポジティブな空気を作るか

　導入コミュニケーションは人事制度の成否を分ける大きなポイントである。どれほど良い仕組みを入れたとしても、社員に上手く伝わらなければ、本来の導入の目的を果たすことは難しい。人事制度は「導入すること」が目的ではない。人事制度を通じて、多くの社員を動機づけ、一層の貢献を引き出すことが目的である。とくに、ジョブ型制度では、「成果主義」や「人件費抑制」といったネガティブな印象がつきものである。だからこそ、社内の制度に対する印象を上手くコントロールする必要がある。

　2-6-2の法則ではないが、組織の構成員には必ず受け止めの違いが出てくるものである。どの組織も、改革に対して「ポジティブな層」「中間層」「ネガティブな層」に分かれる。コミュニケーション上で重要なことは、「中間層」を取り込み、全体としてポジティブな空気を作ることである。

　概して、ジョブ型制度の導入は、経営にとって大義のある仕組みと言える。会社への貢献度が大きい人材に積極的に報いていく一方で、貢献度の低い人材は相応の報酬に留まる仕組みだからだ。しかし、これまで年功的な人事制度を運用してきた企業では、会社への貢献度に関係なく報酬は右肩上がりになるため、新制度に移行すると各等級における報酬上限を超過する社員が出てくる。つまり、「報酬のもらい過ぎ」が顕在化されるのである。この層には、新制度移行後に報酬を引き下げなければならなくなる。

　報酬の引き下げは、当該社員の意欲を引き下げる。第6章の報酬制度においても解説したが、報酬の引き下げの対象となる社員がどの程度の規模感となるかをきちんと押さえて、現実的な報酬幅を設定することを推奨したい。とくに、「中間層」が報酬の引き下げにならない制度上の配慮は重要である。「中間層」が報酬引き下げ対象となる人事制度では、大半が動機減退となってしまう。このような制度で、社員を動機づけ、貢献を引き出すことは難しい。「中間層」は報酬面で引き下がらないような配慮をおこなったうえで、コミュニケーションによって

前向きな賛同を得ていくことが最も重要なポイントと言える。

◆ネガティブインフルエンサーへの対応

　誰もが満足する人事制度の改定はあり得ない。誰もが満足しているとしたら、その改定は何も変えていないことと等しい。

　ジョブ型人事制度を導入すると、職責と報酬に大きくギャップのある社員の報酬は変更を余儀なくされる。「職責＞報酬」の社員は報酬が引き上がる一方で、「職責＜報酬」の社員は報酬が引き下がる。限られた経営資源のなかで「貢献度の大きい人材」にきちんと配分しようとすると、「低貢献人材」の報酬を妥当な水準に抑えなければならない。そのため、ジョブ型制度を導入する際に、不利益を被る社員が出ること自体は仕方がないことである。「人件費抑制」ではなく、「人件費の適正配分」であると理解する必要がある。

　しかし、報酬が引き下がる社員には、そのような道理は通じにくい。理屈ではなく、感情的に受け入れられないのだ。「新制度はコストカットを目的にしている」「経営陣は社員を大事にしていない」「人事部は何も考えていない」といった様々な表現で職場に悪感情を振りまくネガティブインフルエンサーになりかねない。会社側が無策でいると、このようなネガティブインフルエンサーに「中間層」も感化され、職場単位で新制度に対する後ろ向きな空気ができあがってしまう。

　これらの対応策はネガティブインフルエンサーを上回るメッセージで上書きするしかない。特定社員が負の感情を職場で表出したとしても、周囲が揺れない状況をいかに作っていくかがポイントと言える。

全体と個別に対する
コミュニケーションの使い分け

◆ **全体のコミュニケーションのポイント**

　人事制度の導入をおこなう際には、全体と個別に対するコミュニケーションを考える必要がある。全体に対するコミュニケーションとは、社員全員に対する啓蒙活動であり、マスマーケティングのように捉えなければならない。個別に対するコミュニケーションは、ピンポイントに対象を絞り込んだ施策と言える。

　全体のコミュニケーションの目的は、「人事制度の正しい理解を伝え、多くの社員から賛同を得ること」である。人事制度の導入時に、社員説明会をおこなうことは一般的であるが、過去の制度を大きく変える場合は、より周到に全体のコミュニケーションを設計する方が望ましい。

　効果的なコミュニケーションを狙うのであれば、「誰が」「どのように」メッセージを発信するかが重要である。最も影響力があるのは、言うまでもなく経営トップである。経営トップがジョブ型制度導入の意義や目的をメッセージとして発信することが、企業全体の大きな意志であることを示すことに他ならない。タイミングとしては、制度を導入する１〜２年前から、このようなメッセージを繰り返し発信することが望ましい。

　社員全体に対するマスアプローチでは、１回伝えたからといって全員に正しく伝わるとは限らない。年頭挨拶や社内報、社内講演などの様々な機会を通じて、シャワーのように繰り返しメッセージを伝えることが重要である。経営トップだけではなく、人事責任者も同様に様々な機会でジョブ型制度の趣旨や目的を伝えていくことが重要である。企業によっては、ジョブ型制度の導入を会社全体の重要な戦略と位置づけ、中期計画などに盛り込む場合もある。公式な会社戦略として、「高い職責を果たす社員には、職責に応じた相応の報酬で報いる」というジョブ型制度の趣旨を浸透させていくのである。

　職務記述書を整備する場合には、制度導入前の検討段階で社員を巻き込むことになる。職務記述書の書き方などのテクニカルな部分を伝えることも重要だが、経営トップや人事責任者が取り組みの趣旨や目的をきちんと説明することが同様

に重要である。制度導入段階では、すでに色々な形で社員にインプットがされており、社員全員がある程度趣旨を知っているという状況を演出することが大切である。

このような全社に向けたマスマーケティングは、副次的な効果も期待できる。制度改定の際に一番厄介な存在は、「新制度に反対する大物」である。立場ある経営幹部が新制度に対して表立って反意を示すと、社内に大きな動揺が生まれる。これらは反対派の気勢を大いに上げることにも繋がる。

このような大物の反意は、部下や社員から批判を受ける恐れから、感情的に出てくることがほとんどである。職場内で疑問や苦言を呈する部下を契機に、義憤にかられて突き動かされるということも多い。全社の肯定的なムードの演出は、大物の感情的な暴発の抑止力になり得る。

きちんと制度導入前から時間をかけて全体に趣旨や目的を繰り返し経営トップや人事部長からメッセージを発信することで、反対派の火種になる不確定要素をうまくコントロールすることが可能になる。

ジョブ型制度においては、導入・運用段階でも事業責任者や経営幹部は大きな役割を担う。それは、組織設計や人材配置と人事処遇が密接に関係するからだ。そのため、構築段階から、しっかりと巻き込んでいくことが重要である。この点は、職能型制度とは大きく異なる点である。

ジョブ型制度では、組織構造や人員配置が個々の処遇に影響を及ぼす。組織・人員配置が人事制度と不可分なため、事業責任者や経営幹部と人事部門がタッグを組んで進める必要がある。具体的には、ジョブ型制度を構築する段階から、マイルストーンごとに情報共有や意見交換の機会を持つことが望ましい。

ジョブ型制度に限らず、ヒトは従来と異なる考え方や仕組みに抵抗感を持つものである。これらの抵抗感は、時間をおいてインプットを重ねることで、内省を促し、感情的な反発を和らげ、理解を得やすくなる。とくに、制度導入後も組織運営のキーパーソンとなるべき幹部は上手く巻き込んでいくことを推奨したい。

◆個別のコミュニケーションのポイント

全体及び経営幹部から、肯定的なムードを作ったうえで、個別のコミュニケーションをおこなう必要がある。コミュニケーションの対象は不利益を被る社員

だ。個別のコミュニケーションがジョブ型制度を導入するうえでの最大の難関と言える。報酬が引き下がるということは、たとえ合理的な理由があろうとも、本人からすると受け入れにくい。ただし、企業としては、職責に対して過分に報酬が支払われていることを看過してはならない。困難なコミュニケーションが想定されても、避けることはできないのである。

　個別のコミュニケーションのゴールは、「個々の処遇をきちんと説明し、合意を得ること」である。個々人から同意書を取り付けるかについては、企業ごとのリスクの許容度による。

　社員との同意には、「明示の同意」と「黙示の同意」に分かれる。「明示の同意」とは書面等による意思表明の明らかな同意である。一方で、「黙示の同意」とは、書面等の明確な同意はないものの、状況判断から相互の合意があったとみなす同意である。例えば、説明会や個別説明等を行ったうえで、対象者から反意の意志表明がなかった場合に、同意したものとみなすといったことである。

　コンサルタントの立場からは、不利益変更を伴う改定をおこなう場合には、「明示の同意」である個々の同意書を取り付けることを推奨している。個々の同意書を取り付けることで、係争に発展した場合、企業側の正当性を示す根拠になり得るからである。

　ただし、同意書は絶対的なものではない。対象者の意志に反した同意であれば、正当な同意書とは認めにくくなる。あくまでも、同意書は将来の係争リスクを軽減するものにすぎない。同意書を取り付けようとすることで、かえって対象者の態度を硬化させるリスクもある。

　不利益の度合いや、係争リスクに発展する可能性、対象社員の想定される反応などの要素を勘案しながら、「明示の同意」か「黙示の同意」か、選択することになる。

実際のコミュニケーションの進め方

◆**「誰が」「どのように」おこなうのか**

　本項では、個別のコミュニケーションの進め方について解説していく。

　コミュニケーションは、「誰が」「どのような」コミュニケーションをおこなうかが重要である。

　「誰が」の部分は、事業部門と人事部門がタッグでおこなう必要がある。ジョブ型制度では、組織構造や人員配置と個々の処遇が密接に関わる。そのため、事業部門が事業・組織戦略の観点で、人事部門は人事戦略の観点での説明が必要になる。事業部長と人事部長がセットで面談を進めていくことをイメージすると分かりやすいだろう。ただし、人事部門のリソースは限られているため、全ての個別のコミュニケーションに関与することが難しいケースもある。その場合は、人事部門が関与するのは、とくに合意が困難になりそうな対象者のコミュニケーションに絞り込むことになる。

　「どのような」コミュニケーションを取るかについては、コミュニケーションの原則を決めておくことと、対象者の反応を見ながら臨機応変に対応することが重要である。実際には対象者は千差万別の反応を示すことになる。その際に、全体としてのコミュニケーションの原則を押さえつつ、個々への対応が必要になる。例えば、面接官のすべきこと／すべきではないこと（Do's and Don'ts）や想定Q&A等を用意することなどは有効である（**図表7-1**）。

　面談の場は、対象者に対して「企業の考え方を伝える場」である。面談の場では、ジョブ型人事制度を全社として導入することになったこと、本人の職責に照らし合わせると新人事制度でどのような格付けになり、どのような処遇変更になるかを伝える。そのうえで、本人からの疑問に応えることとなる。

◆**面談のポイント**

　コミュニケーションの原則は、「客観的事実に基づき、誠実に伝える」ことに尽きる。本人の果たしている職責が会社にとってどのような位置づけであり、新

図表7-1　面談者のDo's and Don'ts（例）

Do's	Don'ts
● 処遇内容等をその場できちんと伝える	● その場で処遇内容を伝えない 　✓ この通知書に処遇が書いてあるからあとで 　　見ておいてくれ　等
● 客観的な事実に基づいた情報を伝える 　✓ ○○という役職でラインを持っていないの 　　でX等級へ移行する　等	● 主観的（感情的）な私見を伝える 　✓ 仕方がないじゃないか 　✓ それは自分が招いたことじゃないか　等
● 会社（経営側）に立った意見を伝える 　✓ 厳しい選択ではあるが、会社を良くするため 　　に経営陣でよく考えて決めたことだ　等	● 本人側に立って相手を擁護する 　✓ 君の気持もよく分かるし、私も会社の方針 　　には反対だったんだ。　等

しい人事制度ではどのような処遇となるかを、きちんと伝え切ることである。

　企業としては、報酬を引き下げ、動機を単に減退させることを望んでいるわけではない。その意味をきちんと理解してもらい、改めて職務に向き合い、会社への貢献を促したい。

　そのため、短期的な処遇だけではなく、将来的なキャリアについても、同時に意見交換ができると望ましい。現報酬に見見合った職責につくために足りない能力が明らかであれば、能力開発についての助言や支援などを話し合うことも有効である。現職責の貢献価値について、共通の認識を持ったうえで、これからのキャリアで挽回していくためにはどうすべきかを議論できるのが理想的と言える。

　しかし、キャリアについて建設的な意見交換をできるのは、実際の面談の場では数少ない。多くの被面談者にとって、現在の職責の位置づけが低く、報酬が引き下がるということは簡単に受け入れられることではない。相手が意見を聞き入れられない心理状態を「レディネスのない状態」というが、被面談者が「レディネスのない状態」にあるときは注意が必要である。面談者が伝えようとすればするほど、被面談者は心を閉ざしていく。

◆「レディネスのない状態」への対応

　「レディネスのない状態」の場合は、面談者は意識的に「伝えるモード」から「聞くモード」へシフトすることが重要である。オープン質問で相手の考えを聞

図表7-2　レディネスのない状態の反応例

	内容	言動例
反発	感情的に理由なく反発する	「もう、やってられないですよ!」
攻撃	相手の問題を指摘し攻撃する	「あなただって大した仕事してないじゃないですか?」
転写	第三者の欠点をあげて問題をすり替える	「A課長はどうなんですか?ちゃんと役職者として機能してないんじゃないですか?」
合理化	自分の問題に無理に理由をつけて言い訳する	「いままで重要な仕事を任せてこなかったのは、会社の責任じゃないんですか?」
抑制	黙り込んで、話さなくなる	(無言)
逃避	逃げようとする	「(会議中に) 次の会議が入っているんで、今日は失礼します」

き出すことや、オウム返しや頷きなどを意識的におこない、「聞いている姿勢」を態度で示すことが有効である。受容的な態度を示すことで、被面談者の気持ちを和らげることもできるため、「レディネスの有無」については注意を払うことを推奨したい。

　「レディネスのない状態」で起こりがちな反応には、主に以下の6つがある (**図表7-2**)。

● 反発　　：感情的に理由なく反発する
● 攻撃　　：相手の問題を指摘し攻撃する
● 転写　　：第三者の欠点をあげて問題をすり替える
● 合理化：自分の問題に無理に理由をつけて言い訳する
● 抑制　　：黙り込んで、話さなくなる
● 逃避　　：逃げようとする

　これらの反応は、大きく2つに分類され、2つの「トウソウ」と称される。反発、攻撃、転写を「闘争(トウソウ)」とされ、合理化、抑制、逃避を「逃走(トウソウ)」とされる。前者は攻撃的な反応であり、後者は防衛的な反応と整理できる。

「闘争」の場合、面談者も感情的に対応していると争いはヒートアップする。面談者は、被面談者の攻撃的な反応にあっても、落ち着いて対処することが重要である。事業部門と人事部門のように複数の面談者で対応できる場合は、ある面談者が感情的になりそうであれば、もう一方の面談者がブレーキ役としての役割を果たすことが望ましい。難しい相手には複数で対応する利点は、このような役割分担ができることである。面談者は、感情的になっていることを認識したら、直接対話する面談者をスイッチすることで、平静を取り戻すことができる。

　「逃走」の場合、表面的には穏やかに対話をしていたとしても、内面では不満でいっぱいになっていることが多い。この場合には、「聞くモード」で傾聴をすることが重要である。

　面談の場は滞りなくクロージングできたとしても、不満は本人のなかに留まり続ける。それらの不満は、思わぬところで爆発することもあり得るため、できるだけ面談のなかで気持ちの整理をサポートすることが必要である。傾聴を通して、本人の気持ちや感情をできるだけ話させることだ。自らの言葉で表現することにより、気持ちの整理は進めやすくなる。不満を完全に解消することは難しいが、不満にもきちんと向き合っていくことが重要である。

　このようなプロセスを経て、ようやく導入にこぎつけられるのである。

社員への人事制度の開示レベル

◆ どこまでオープンにすべきか

　導入・運用にあたり、決めなければならないのは、社員への人事制度の開示レベルである。人事制度の開示レベルは会社によって大きく異なる。ジョブ型制度における開示情報とは、主に「制度概要」「職務記述書」「個々人の職務等級」「報酬テーブル」である。ここでの報酬テーブルとは、職務給の範囲や賞与テーブルを指し、個々人の給与・賞与金額を指すわけではない。

　本来的には、これらの情報はオープンであることが望ましい。社員が、自社の人事制度について理解を深めることで、将来のキャリア設計をおこないやすくなる。社内の各ポジションの職務記述書や相対的な位置づけを知ることで、組織戦略に対する理解を深めることができる。ニュートラルな視点で制度を捉え、社員が建設的に活用できる状態を目指すべきといえよう。透明性のある制度であることで、社員の活用の幅は広げることができる。

　しかし、現実的には、情報をオープンにすることは難しい。コーン・フェリー

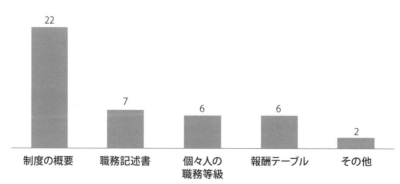

図表7-3　社員への開示情報

社員への開示情報 (複数回答)　　　　(n=42)

制度の概要	職務記述書	個々人の職務等級	報酬テーブル	その他
22	7	6	6	2

出所：コーン・フェリー「ジョブ型人事制度の実態調査」（2020年4-5月）

がおこなった実態調査でも、社員への公開レベルは制度概要に留める会社が多い。実際に、コンサルティングの現場でも、制度概要のみをオープンとする企業が大半を占める。とくに個々人の処遇との関連性のある「個々人の職務等級」については、差し控える企業が多い。

　情報公開を限定的にする理由のひとつは、無用な軋轢を避けるためである。分かりやすい軋轢は、「なぜ、あの人のポジションは高く位置づけられているのか？」という批判である。

　これは、「個々人の職務等級」の情報開示によって出る批判だが、この他の情報でも同様に批判が出る可能性がある。「職務記述書」を公開すると「実際の職務とやっていることが違うのではないか？」といった声が出たり、「報酬テーブル」を公開すると「この等級の社員は本当にこの報酬に見合う価値を出しているのか？」といった批判が出たりする。

　ただし、これらの批判は、物事の一面しか見えていないことによる誤解も多い。職務価値の算定ひとつをとっても、様々な情報をもとに総合的に判断をおこなうことになる。そのなかには、今後の事業成長の期待や投資を込めた経営の意図なども含まれることもある。そのため、組織規模や数値実績、職務記述書等だけでは読み取ることは困難である。

　これらの批判も表立ってされれば、説明可能であるが、得てして、裏側でなされる。放置しておくと、誤った理解により、社員のなかで憶測が独り歩きしてしまう。このような憶測は百害あって一利なしである。

◆公開は社員の制度の理解度に合わせるのが理想

　情報をオープンにして、建設的な人事制度の運用をおこなうためには、社員が十分な制度リテラシーがなければ成り立たない。残念ながら、ジョブ型制度の導入時点では、社員サイドに十分な制度リテラシーを求めるのはハードルが高い。そのため、ジョブ型制度が定着した段階での情報開示を目指しつつ、導入時点では情報公開レベルを絞り込むことが多いのが実態である。

　コーン・フェリーの実態調査でも、「制度概要」以外の要素を公開している企業もあるが、これはジョブ型制度の定着度は企業によって大きくバラつきがあることを示唆している。公開している企業では、ジョブ型制度に対する理解度も高

く、無用な軋轢はあまり起きていないということであろう。

　このように、社員への公開レベルは社員のジョブ型制度の理解度や情報誤認リスクを考慮したうえで、決定することが必要である。

　ここまでは、全社員に対する開示レベルについて解説してきた。しかし、ジョブ型制度を実際に運用するためには、一定階層以上には人事情報を開示することが必要となる。昇格や異動を検討するためには、個々の職務等級や報酬テーブルなどを知る必要があるからだ。一般的には、部長以上には開示といったように、人事権を持つ階層以上には開示することが多い。

　このように、社員全体のリテラシーや組織運営等を考慮して、階層ごとに情報開示レベルを変えるのが、日本企業における一般的な情報開示の実態と言えるだろう。

第 8 章

ジョブ型制度における
運用体制・プロセス

ジョブ型制度の運用体制・プロセス上のポイント

◆組織設計と人事異動について

　ジョブ型制度を導入すると、組織設計と人事異動に対する戦略性が増すことになる。第3章でも解説したが、職能型制度をはじめとした従来型の人事制度では、職務と人事処遇は切り離されて運用していたケースが多い。そのため、組織設計や人事異動の権限は事業部門、昇格・昇進や評価運営の権限は人事部門といったように、組織設計や人事異動と評価・処遇が分離して運用されるのが一般的である。ジョブ型制度導入前は、事業部門は比較的、フリーハンドに組織設計と人事異動をおこなっていた企業がほとんどであろう。

　しかし、ジョブ型制度の導入に伴い、組織設計や人事異動と評価・処遇がセットになる。例えば、組織を新設し、役職の任用をおこなうと、その任用は昇格・昇給と同じ意味合いを持つことになる。そのため、ジョブ型制度の運用体制・プロセスを定めるうえで、最も重要なポイントは、組織設計と人事異動及び人事処遇について、どこに権限を持たせ、どのようなプロセスにすれば、最も戦略的かつ公正性が保たれるかを決めていくことである。

　ジョブ型制度における組織設計と人事異動は、全社戦略と部門戦略を高いレベルで両立させなければならない。別の言い方をすると、全社統制と部門裁量を上手くバランスさせる必要がある。ジョブ型制度は、「適所適材」の仕組みであり、期待される職務に最もマッチした人材を配置する仕組みであるため、適所にマッチした適材として配置した人材を配置転換させるのは望ましいことではない。それにより、キャリアは固定化し、スペシャリスト中心のキャリアになる。部門の立場からすると、最適な人材を配置し、ベストな戦力で戦いたいとする力学が働くため、人材の囲い込みが起こりがちである。

　その一方で、全社の立場からすると、戦略的に部門横断的な異動をおこなう必要が出てくる。例えば、全社で事業のポートフォリオを組み替えるといった場合には、事業をまたいで人材を異動させなければならない。あるいは社長肝いりの新規事業を立ち上げる場合などには、各事業からエースを集める必要もあるだろ

う。

　つまり、全社戦略の要請に基づく人事異動が必要になってくるのだ。経営人材育成の観点でも、部門横断的な異動は必要になってくる。スペシャリスト中心のキャリアが主流になると、特定の事業や機能での単線的なキャリアを歩む社員が多くなる。

　しかし、経営トップが、特定の事業や機能の経験に偏った人材では、安定した会社経営は望みにくくなる。将来の経営幹部の素養を持つ人材には、戦略的に良質な経験を積めるように異動を組んでいかねばならないのだ。いわゆるサクセッションプランと呼ばれる仕組みである。

　このサクセッションプランの運用にあたっても、全社と部門の意向の相反を織り込んで運用体制・プロセスを組まねばならない。例えば、ある事業部内の企画部長が退職し、オープンポジションになったとしよう。事業部内では当然、事業に精通した事業部内の人材を配置したいという要請が出てくる。もちろん、その候補人材の動機づけやキャリア育成も含めた要請である。

　一方で、全社的な視点からすると、事業企画のポジションは経営に通じる良質な経験を積めるポジションであり、他部門にいる将来の経営幹部候補を配置したいというニーズが出てきたとする。これらは、戦略的意図の異なる人材配置であり、基本的に折り合うことはない。運用体制・プロセス面でどちらを優先すべきかをあらかじめ決めておかねば、本社と部門の溝が深まるだけである。

◆恣意性の排除に留意

　また、ジョブ型制度では、組織設計や人材配置に戦略性を保つことが重要であるので、恣意性を排除していかなければならない。

　繰り返しになるが、ジョブ型制度は任用と処遇がセットになる。大半の組織責任者は適正に運用するが、恣意的に歪めた運用をおこなってしまう組織責任者が出てしまうこともある。ポジションの数によって高く処遇できる部下の数が変わってくるため、組織の細分化や新設組織の乱立などをおこない、部下のために組織構造を歪めてしまうことだ。本来、3〜4程度の課で十分な部署に、10近くも課ができれば、組織効率が落ちるのは言うまでもない。これは、ジョブ型制度が目指すべきこととは反する組織運営である。

本来、ジョブ型制度は、戦略的な組織設計があったうえで、各職務の職務価値に応じて適切に配分する仕組みである。処遇のために組織設計を歪めるのは本末転倒である。このような恣意的な組織設計は、その組織の効率を落とすだけではなく、他組織へも悪影響を及ぼす。特定の部門で、「役職者になりやすい」「高い処遇を得やすい」となれば、不満の原因になることは言うまでもない。本来は公正に処遇する仕組みであるにもかかわらず、不公正な運用がおこなわれていれば、制度の信頼性は損なわれる。

　人事制度は社員を前向きに動機づける仕組みである。特定の部門の人材は動機づいたとしても、全体の動機が損なわれれば、人事制度の本来の目的を果たしているとは言えない。このような特定の組織責任者の恣意的な運用を看過してはならず、全社的にきちんと統制をはからねばならないのだ。

◆ 現実的な運用体制

　上記のポイントを踏まえると、ジョブ型制度においては、事業部門に一定の裁量を持たせつつ、全社的に統制が利く体制が必須であることは言うまでもないことだろう。事業部門は組織設計や人事異動の起案機能にとどめ、意思決定は全社でおこなうという体制が必要になるのだ。

　第3章でふれたが、各部門を管掌する役員から構成される人事委員会などを立ち上げ、決定権限はそこで持つようにすることが一般的である。各部門での起案に対して、人事委員会で審議・決定するように体制を組んでいくのだ。このような体制にすることにより、事業部門の恣意的な組織設計や人事異動を牽制することが可能になる。事業部門は起案内容に関する説明責任が求められ、組織構造や人事異動の戦略性・妥当性を必要に応じて示さなければならないからだ。

　また、部門での起案より、人事委員会での意思決定が優先されるため、全社的視点での人事異動をおこないやすくなる。例えば、成長事業への人材リソースシフトや経営幹部人材育成のための戦略的アサインメントなどである。事業部門の起案があったとしても、より優先度の高い全社的な人事異動や人材配置が必要な場合には、それを優先できる意思決定機関を持つことで、無用な衝突を避けるのである。

　人事委員会には当該事業部門を管掌する役員も参画するため、一方的に全社施

策が優先されるわけではない。管掌役員は全社的な立場と部門代表の立場の両方を勘案して、協議に参加しなければならない。議論が紛糾する場合には、議長である社長や人事部長が決断を下すことになる。

　いずれにしても、全社と部門の意図が相反しても、エスカレーションして結論を出せる体制としておくことが重要なのである。

　では、部門裁量は損なわれるかいうと、そうではない。多くの事案は事業部門の起案どおりにいくのが通例である。実際的には、役員レベルの意思決定機関である人事委員会で審議できるのは、一定以上のレイヤーに限られる。課レベルの組織変更や人事異動を審議するのは現実的ではなく、部門に権限が委譲されたり、部長層から構成される部門人事委員会などを別途立ち上げて審議事項を分けたりする。下位レイヤーほど事業部門の裁量が大きくなるのである（**図表8-1**）。

　このような体制にシフトすると、組織変更や人事異動は気軽におこなうものではなくなる。かつては、毎月のように頻繁に組織変更や人事異動をおこなっていた企業でも、審議・承認の関係上、ある程度まとめておこなうようになるのが一般的だ。大規模な組織変更や人事異動は年1回の時期にできるだけ集約し、それ

図表8-1　体制・プロセスのイメージ

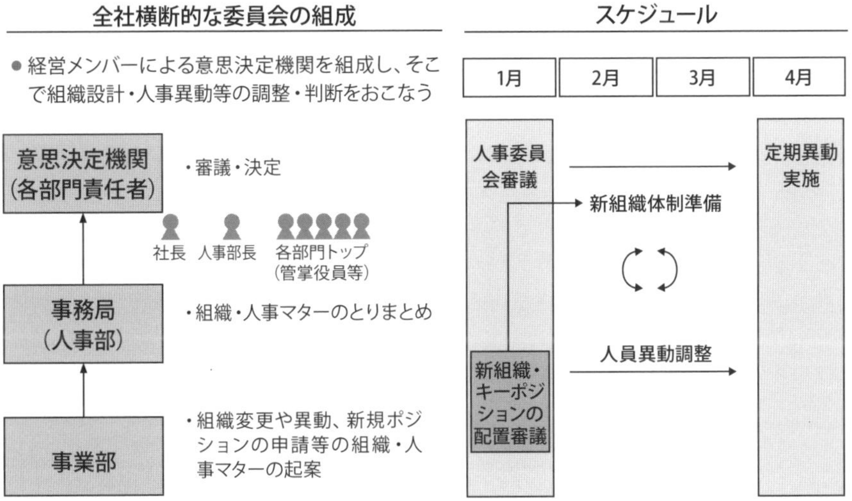

169

以外の組織変更や人事異動は半期あるいは四半期単位でおこなうといった具合だ。

　確かに、組織変更や人事異動はタイムリーに適応することが重要でもある。しかし、頻繁な組織変更や人事異動は組織効率を下げる。社員が新しい職場に適応して、成果を上げるためには一定の時間を要するからだ。

　ジョブ型制度に移行すると、個々の組織変更や人事異動の戦略性や意味合いが問われることになるため、その柔軟さやタイムリーさを犠牲にせざるを得ない。人事部門だけではなく、経営陣や事業部門もその点を理解する必要がある。とくに人事部門は、ジョブ型制度を導入する際に、運用体制・プロセスもあわせて経営陣や事業部門の啓蒙をおこなうことが大切である。

人事部の役割・機能の変化

◆環境変化に合わせて戦略性を持つ

　ジョブ型人事制度を導入すると、人事部の役割・機能も変化する。従来、多くの企業は機能別組織としており、採用や人材開発、福利厚生や労務、海外人事といったように機能で組織を分けていた。機能別組織をとることにより、人事機能ごとに専門性やノウハウを蓄積し、より効率的に運営することが可能であった。ただし、採用や人材開発、人事企画などが、個々に機能戦略を立てており、その全体戦略性や整合性はそこまで高くないのが一般的と言えよう。人事企画はあっても、人事制度や組合対応などに範囲を絞った企画機能にとどまっている企業が多いように見受けられる。

　しかし、従来型の機能別人事組織では、ジョブ型制度の運用はままならない。本書はジョブ型制度をテーマにしているため、ジョブ型制度運用の観点から従来型組織の限界を後述するが、そもそも、ジョブ型制度の導入如何にかかわらず、人事部の役割・機能はアップデートされなければならない。それは、人材の定着や組織の活性化はいままでより重要な課題となりつつあるからだ。

　かつては、人事機能の戦略性はあまり求められなかった。日本社会がいまと比べてシンプルだったからだ。働く場所や時間の制約がない男性総合職を中心とした社員構成で、社員と家族が安心して働く環境を整えることが人事部の役割であった。新卒一括採用で男性総合職を採用し、転職による社員離脱は少なく、定年まで多くの人材が働くのが日本企業の典型的な人材活用モデルであった。人事機能の戦略性もさほど求められないため、人事機能別組織による効率向上は有効だった。

　しかし、日本社会の複雑性は大きく増している。少子高齢化は進み、働き手そのものが減少している。女性社員や高齢社員、ハンディキャップのある社員も含め、多様な人材が活躍できる職場を作らなければならない。

　就労側の意識も大きく変わっている。とくにミレニアル世代、Z世代と称される若者世代は、金銭的報酬よりも、企業の社会的価値や自分らしい働き方への関

心が高い。中途市場もいま以上にオープンになり、人材の流動性は高まっていく
だろう。社員から選ばれる企業にならなければ、人材の定着は実現できず、会社
としての競争力は保てなくなる。人手が集まらずに倒産する黒字倒産も昨今では
出てきている。

◆「攻めの人事」

　このような時代の変化を捉えると、人事部の役割も「人事機能を効率的かつ円
滑に回す役割」ではなく、「多様な社員を動機づけ、活性化させる役割」へと変
化していかねばならない。社員の自発的な組織貢献を「エンゲージメント」と呼
ぶが、エンゲージメントを高めることの重要性が増しつつある。

　コーン・フェリーでは、エンゲージメント調査をグローバルでおこなっている
が、エンゲージメントの高低と会社業績に相関があることが分かっている。実際
に複数のクライアントと実証研究をおこなった結果、エンゲージメントの向上に
ともない3つの財務諸表（ROE/ROA/ROI）がいずれも向上したのだ。エンゲー
ジメントを高めていくことが、会社の業績向上に繋がることが明らかになりつつ
ある。先進的な企業はエンゲージメント向上を全社の重要課題として位置づけ
て、様々な施策をおこなっている（**図表8-2**）。

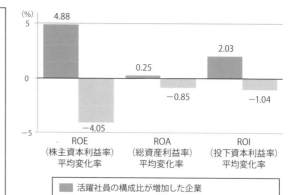

図表8-2　社員エンゲージメントと経営指標の相関

コーン・フェリーは複数クライア
ントを対象に40万人を超える
社員に対し実証実験を実施。
初年度と2年目に実施した社
員意識調査の結果と3つの財
務的KPI（ROE、ROA、ROI）との
関係性を調査したところ、社員
エンゲージメントと社員を活か
す環境が高い「活躍社員」が
増えた企業は、その期間いずれ
の財務数値も向上していた。
一方、「活躍社員」の割合を増
やすことのできなかった企業
は、同期間これら数値を下げる
結果となった。

(%)

4.88

0.25

2.03

0

−4.05

−0.85

−1.04

−5

ROE
（株主資本利益率）
平均変化率

ROA
（総資産利益率）
平均変化率

ROI
（投下資本利益率）
平均変化率

■ 活躍社員の構成比が増加した企業
■ 活躍社員の構成比が変化なし、ないしは減少した企業

　企業を取り巻く環境は不確実性を増しているが、力強く生き残っていく企業はこのような「攻めの人事」を実践する企業であろう。そもそも、時代の要請からも人事機能の転換が求められているのだ。

　今後は、経営・事業戦略と組織・人事のリンケージがとくに重要になってくる。企業を取り巻く環境は刻々と変化しており、経営・事業サイドも俊敏に戦略を打ち出さなければならない。戦略を実現するためには、組織・人材面でも対応が必要なのだ。

　例えば、事業のポートフォリオを変えていくのであれば、企業買収や人材リソースのシフトが必要になってくるだろう。新たな事業分野で戦っていくためには、人材の採用や教育は欠かせない。昨今では、DX（デジタルトランスフォーメーション）を推進しようという動きが急速に広がっているが、DXを担える人材を採用し、活躍してもらわなければ実現はままならず、号令に終わってしまう。もはや、経営・事業戦略の実現には、人材戦略が欠かせなくなっているのだ。

◆戦略機能の強化

　では、人事部の組織はどのように変わらねばならないのだろうか。一言で言うと、人事部における戦略機能を強化していくことである。いままでは、機能別に分かれていた組織は、大きく全体人事戦略と事業人事戦略と実行部隊に分化することが必要になってくる。本書では、それぞれの機能を以下のように呼ぶこととする。

- 全体人事戦略を担う機能：CoE（センターオブエクセレンス）
- 事業戦略を担う機能：BP（ビジネスパートナー）
- 実行部隊を担う機能：EXP（エキスパート）

　CoEは人事機能の専門家集団として、企業全体に関わる人事面の戦略・企画などを担っていく。企業全体の戦略・企画とは、人事制度構築や採用戦略の策定、人材育成体系の構築などをイメージするとよいだろう。全社的なエンゲージメント調査や改善施策なども含まれる。CoEは経営戦略を全体人事戦略に落とし込む役割と言える。

　一方で、BPは事業部門の組織・人事面の支援を担っていく。事業部長の参謀

役として、事業に必要な人材の量と質を見極め、採用・育成・配置転換等の進言や実行推進をおこなったり、部門内の労務問題やトラブル対応などをおこなったりする。事業責任者の課題意識に寄り添い、組織・人事面での課題解決を提案し、リードしていくような役割である。

　CoEとBPを人事部の人事機能として持つことで、経営陣・事業責任者のニーズを深く理解することができるとともに、経営・事業戦略と人事戦略・施策を密接に関連づけることができる。すなわち、人事部の戦略機能強化に繋がっていくことになる（**図表8-3**）。

　人事部において、人事業務を確実に運営していくという機能も同様に重要であるため、実行部隊（EXP）を持つことが必要になる。OPE（オペレーションズ）と称することが一般的ではあるが、定型的業務を想起させる名称のため、本書ではEXP（エキスパート）と呼ぶことにしている。

　EXPの役割は人事業務の遂行と社員サポートである。採用・研修などの実務運営、給与計算や勤怠管理などの労務関連など、多岐にわたる人事業務の運営を担っていく。人事業務は、常に法令を遵守し、正確に遂行されなければならない。そのため、EXPには労働法や労務知識、人事システムなどについて高い知見を持つ人材を配置しなければならない。人事部門の守りの要のような役割を果たすことが期待される。

　コーン・フェリーが支援したプロジェクトのなかで、会社分割や合併などを支援することもあるが、EXPは実に頼りになる存在である。様々な手続きや法的制約などに熟知しており、戦略を現実のものとするにはEXPは欠かせない。EXPの提言で施策の中身を見直したり、スケジュールを調整したりすることは多い。EXPは単なるオペレーションの担い手ではない。人事戦略を実現可能なように実装するための実務専門部隊でなければならないのだ。

◆ 全社人事戦略と部門人事戦略の整合

　ジョブ型人事制度の導入・運用に話を戻そう。ジョブ型人事制度は、全社人事戦略と部門人事戦略を上手く整合させて運用させる必要がある。

　全社人事戦略とは、本章の前半で解説している全社視点での戦略的な人材配置や人事異動、各部門の組織編成や登用に対する牽制などである。とくにジョブ型

図表8-3　人事部の役割・機能

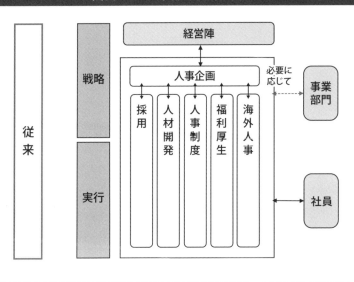

*1 CoE：センターオブエクセレンス
*2 BP　：ビジネスパートナー
*2 EXP：エキスパート

人事制度を導入すると異動は固定化しやすいため、全社でのリソースシフトや、経営候補人材育成を実現させるためには、全社視点での戦略的人材配置が必要になってくる。

部門人事戦略とは、部門戦略に合致した組織設計や人材配置などである。部門内の組織再編や、適任者の任用・動機づけなどをイメージするとよいだろう。

これらを上手く運用するためには、経営陣・事業責任者に組織・人事に対するリテラシーが必要になってくる。つまり、全社戦略を支援するCoEと部門戦略を支援するBPが経営陣・事業責任者の人事支援機能として必要になってくるのだ。

CoEは従来の人事機能の延長線上にあるため、多くの企業はジョブ型制度の導入の流れにあわせ、自然とCoE的な機能を果たすことは多い。しかし、BPは流れに任せて立ち上がるものではない。意図的にBPを人事機能として立ち上げる必要があるのだ。

ジョブ型人事制度では、組織設計や人事異動が昇格・昇進と同じような意味合いを持つ。従来の任用や人事異動より、遥かに大きなインパクトを社員に及ぼす。例えば、組織責任者の意向により、組織の階層化やフラット化が決まると、メンバーは人事異動にいままで以上に一喜一憂する。これは諸刃の剣でもある。組織責任者が特定の部下を優遇するような恣意的な任用をすると、職場のモチベーションは一気に下がる。

BPを設置するということは、組織責任者に人事面での参謀役をつけて、客観的な判断を促すことでもある。BPが組織・人事に対するリテラシーをもとに事業責任者を支援・助言することで、各部門における組織設計や人事異動に戦略性を持たせることが可能になる。また、組織責任者のブレーキ役として恣意的な組織編成・人事異動を防止する役割も期待できる。

◆ BPの役割

BPを新たに設置すると言っても、どのような役割かが分からないという声も実際に多い。コーン・フェリーの支援経験から、BPの役割は以下の5つの役割を中核とすることが一般的だ（**図表8-4**）。

1. 戦略パートナー：部門責任者の組織・人事面での戦略提言
2. 人材活用推進者：部門内の人材リソースの最適活用

3.　全社人事の中継役：全社人事戦略の展開・フィードバック

4.　カルチャー推進者：部門内の良好なカルチャーの醸成

5.　コーチ：ビジネスリーダーの成長支援

　従来型の組織で事業部人事を持つ日本企業もあるが、事業部人事とBPでは、その性格はやや異なる。日本企業における従来型の「事業部人事」は、事業部にとってのパートナーというより、全社の人事施策を事業部に落とし込む展開役としての役割を担うケースがほとんどであろう。BPは、事業運営におけるリーダーシップチームの一員という位置づけを担うことが期待される。上手く機能している企業のBPの特徴的な点は、当然のように事業上の戦略会議への参加が要請され、事業の実情や予算と実績の推移、競合や市場の動向まで認識している。CFOがカネの面で事業戦略に参画・提言が求められるのと同様に、BPも組織・ヒトの面での提言が求められる状態が理想と言える。

　コーン・フェリーでの実態調査において、ジョブ型制度で最も高く課題視され

図表8-4　BPの役割

戦略パートナー	**部門責任者の組織・人事面での戦略提言** ● 事業環境に基づき、事業成長に資する人事面での課題提言 ● 人事面の課題に対応した解決策の立案と推進 ● 事業戦略実現に必要な組織及び人材要件の策定
人材活用推進者	**部門内の人材リソースの最適活用** ● 事業遂行に必要な人材の量・質の充足（戦略的な人材獲得・配置） ● 事業部門メンバーのキャリア意向の把握と機会のマッチング
全社人事の中継役	**全社人事戦略の展開・フィードバック** ● 全社人事施策（人事制度・育成等）の部門展開の促進 ● CoEとの連携役。現場での課題意識の共有・フィードバック
カルチャー推進者	**部門内の良好なカルチャーの醸成** ● 企業理念・ビジョンの浸透推進 ● 良好な組織風土の構築に向けた施策の立案・展開 ● 事業部門のエンゲージメント向上
コーチ	**ビジネスリーダーの成長支援** ● 事業リーダーの育成・コーチ ● 次世代リーダーの成長支援

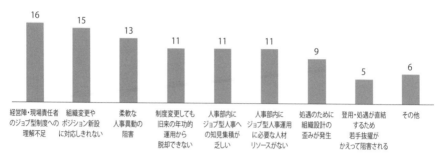

ジョブ型制度における課題（複数回答）　　　　　　　　　　（n=42）

出所：コーン・フェリー「ジョブ型人事制度の実態調査」（2020年4-5月）

ているのが、経営陣・現場責任者のジョブ型制度への理解不足である。人事制度はあくまでも経営・事業成長を支えるツールである。使い手である経営陣・現場責任者がツールを正しく理解して使わなければ、経営・事業成長を支えるツールとして機能しない。

　ジョブ型制度を導入するだけではなく、人事部は経営陣・事業責任者の理解向上に積極的に努める必要がある。人事部にCoE／BPの機能を持つことは、その第一歩と捉えるとよいだろう（**図表8-5**）。

人事部のジョブ型制度ノウハウの蓄積・継承

◆ ノウハウを維持し続けるための 3 つのポイント

　人事制度の構築は一過性のイベントではなく、中長期にわたって運用をおこなうものである。そのため、人事部内にジョブ型制度のノウハウを蓄積し、継承していくことが必要になる。

　しかし、ジョブ型制度を運用している間に、企業内でノウハウが継承されないケースがある。制度導入時に人事コンサルの支援を受けて、職務評価や職務記述書を整備したものの、担当者の異動や退職により、いつの間にかノウハウが失われてしまうのだ。コーン・フェリーの実態調査でも、ジョブ型制度の課題のひとつに「人事部内にジョブ型人事への知見集積が乏しい」という課題が低くない順位であげられている。

　せっかく、苦労してジョブ型制度を導入しても、運用の担い手である人事部に知見が集積されていなければ、良い運用はできない。中長期にわたりノウハウを維持し続けるためには、次の 3 つのポイントがある。

　① 導入時のノウハウをドキュメント化しておく
　② 人事部内に複数のノウハウ継承者を置いておく
　③ 定期的にノウハウを学ぶ機会を持つ

①導入時のノウハウをドキュメント化しておく

　人事制度の導入時は、ノウハウの宝庫である。人事コンサルの支援を受けたときはもちろん、内製化であったとしても構築時に得られるノウハウは膨大である。このノウハウを活かさない手はない。筆者は構築時のノウハウをできるだけ、ドキュメントとして残しておくことを推奨したい。

　人事コンサルの場合、報告書という形で成果物が最終的にまとめられるが、人事部内できちんと整理して、共有できるようにしておきたい。また、最終的な報告書だけではなく、職務評価の結果や判断根拠、判断に悩んだポイントなども記録しておくことが望ましい。実際に導入する段階では、実務的なポイントもまと

めた「虎の巻」を用意しておくことだ。

マニュアル化はノウハウ継承の基本である。きちんとドキュメントとして残し、受け継いでいくことが最大のポイントと言える。

②人事部内に複数のノウハウ継承者を置いておく

実際にジョブ型制度を運用しようとすると、ジョブ型制度の中身を熟知し、経営陣や事業責任者をリードできる社内コンサル的なノウハウを持つ人材を確保しなければならない。特定の担当者に知見を依存していると、退職や異動によりそれらノウハウが失われるリスクが高い。直接、実務に携わらなくとも、ある程度のノウハウを継承している人材を計画的に育成することが望ましい。

人事コンサルと数カ月タッグを組んでプロジェクトを進めていると、コンサルタントと近しいレベルまでジョブ型制度に精通する人材が出てくる。重要なのは、その知見をその人材に留めず、組織内で共有することだ。人事コンサルとのプロジェクトが終わっても、組織変更や組織新設のタイミングなどで、職務評価や職務記述書整備などは必要になってくる。このような機会を上手く使い、OJTをおこないながら、ノウハウをきちんと複数名に継承していくことが重要だ。

異動はともかく、退職などは突然やってくるものだ。将来的なリスクを見据えて、人事部内で計画的にノウハウ継承をおこなっていかなければ、ジョブ型制度の運用自体が困難になることを肝に銘じておきたい。

③定期的にノウハウを学ぶ機会を持つ

とくに導入時に人事コンサルが入った場合には、定期的なフォローアップを受けることを推奨したい。

コーン・フェリーで支援するケースでは、導入後も長いお付き合いをする顧客も多い。実際にはどのようなことをしているかというと、運用面の悩みに対する助言や人事部に対する職務評価トレーニングなどをおこなっている。運用を長く続けていくと、原理原則が希薄になりがちである。そもそも本来の趣旨に沿った運用がなされているかを定期的に確認することは重要である。内製で行っていたとしても、構築に関わったメンバーから定期的に原理原則を共有する場を設けることが望ましい。とくに継承者の代替わりが起きてくると、人事運用は作業化し

てしまうことが多い。

　本来の趣旨を定期的に振り返り、趣旨に沿った運用をすることを肝に銘じて、人事制度運用を進めていただきたいものである。

ジョブ型人事制度を支えるシステム

◆ジョブ型制度支援プラットフォーム

　現代の人事業務運用はシステム抜きに語ることはできない。かつては、紙ベースで目標管理などの評価運営をおこなっていた企業も多かったが、現在では大企業を中心にシステムへ移行している。ジョブ型制度を導入する際に、職務評価や職務記述書などもシステムで管理できないかという声も大きい。コーン・フェリーでは、顧客企業の要望に応じグローバルでジョブ型制度の運用を支援するプラットフォームを提供している（**図表8-6**）。

　本プラットフォームはコーン・フェリーが数十年にわたりグローバルでジョブ型制度を導入・運用してきた知的財産が搭載されており、それを活用することができる。

　ここでは、4000以上の職務をモデル化しており、職務記述書と人材要件のモデルを参照することが可能だ。顧客企業はそれらを参照し、自社用にカスタマイズしてデータ格納することができる。また、職務評価の機能も組み込まれており、自社の組織についてコーン・フェリーの職務評価手法を活用して職務価値を測定していくことも可能だ。これらは、コーン・フェリーのおこなっている報酬調査ともデータ連結しており、市場報酬水準との比較もできる。ジョブ型制度の重要な要素である職務記述書・職務評価・市場報酬水準比較がプラットフォームのなかで完結しているのだ。ただし、2020年時点では、日本語対応はしておらず、英語対応のみである。このプラットフォームは欧米の顧客ニーズの高まりを受けて構築をしているからだ。

　しかし、一部の先進的な日本企業では大企業を中心に本プラットフォームの活用が進みつつある。とくに大企業では、対象となるポジション数が多いため、人力で対応するのは物理的に難しいからである。

　本プラットフォームは、ジョブ型制度についてのノウハウが詰まったものであるが、自社のHRシステムと併用して活用することも推奨したい。昨今、DX（デジタルトランスフォーメーション）の波は止まることを知らない。人事制度の構

築・運用においても、上手くシステムを活用していくという考えを持って取り組むことは重要であろう。

図表8-6　ジョブ型制度を支えるプラットフォーム

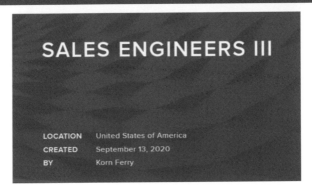

SALES ENGINEERS III

LOCATION	United States of America
CREATED	September 13, 2020
BY	Korn Ferry

ROLE SUMMARY

Sell business goods or services, the selling of which requires a technical background equivalent to a baccalaureate degree in engineering.

GRADE

1　　　　　38

16

Profile type	■ Job Profile	Market	United States of America
Level	Individual Contributor	Base Salary	77,158 - 122,920 USD
Sublevel	Specialist Professional	Total Cash	79,621 - 133,609 USD
Function	Engineering	Short-Term Variable Payments	0 - 16,808 USD
Subfunction	General Engineers		

TOP RESPONSIBILITIES | ACCOUNTABILITY

- Process Design Engineering
- Engineering Solutions Design
- Engineering Standards Specification

TOP SKILLS | CAPABILITY

Top Behavioral Competencies

Ensures Accountability

Manages Complexity

Decision Quality

Top Technical Competencies

Engineering Technology

Engineering Design

Engineering Development

TOP PERSONALITY TRAITS | IDENTITY

- Focus
- Need for Achievement
- Credibility

TOP DRIVERS | IDENTITY

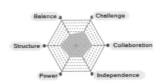

出所：Korn Ferry Intelligence Cloud ™

第 **9** 章

ジョブ型制度の導入事例

管理職数と報酬の適正化への対応事例
大手通信業A社

本章からジョブ型人事制度を導入・運用している企業の事例をもとに解説をしていきたい。ジョブ型人事制度といっても、その目的や内容は企業によって異なる。そのため、各項ごとにテーマを掲げ、その背景や内容についてテーマに沿って解説していく。まず最初に取り上げるA社のテーマは「管理職数の肥大化」と「職責と報酬の不整合」である。

◆M&Aによる企業統合

大手通信系企業であるA社は、過去に何度か買収や統合を繰り返していた。M&Aは、自社にはない製品・サービス・技術などを素早く手に入れる優れた経営戦略である。しかし、M&Aを成功させるのは決して容易なことではない。失敗の大きな理由のひとつに「取引のパラドクス」があげられる。M&Aをおこなう際に、買い手は売り手の企業価値評価をおこない、取引を決定する。取引前の企業価値評価の90％は有形資産（マーケットシェアや財務諸表、保有技術等）によってなされ、無形資産（企業文化やブランドロイヤリティ、リーダーシップ等）は10％に過ぎない。一方で、取引後に成否を分けるカギは無形資産にあり、90％を占めるとされている。つまりM&Aを成功させるカギは、人材の活性化にあるのだ。

実際、統合局面では頭の痛い組織・人事課題が出てくる。組織再編とスリム化である。企業統合の際には、必ず組織の重複は起こり、余剰が生じる。典型的な重複は間接機能だ。ひとつの会社に統合するのに、経理部や人事部が２つも要らないのは自明の理であろう。間接機能に限らず、直接機能においても、担当顧客や製品・サービスの重複は往々にして起こり得るため、効率的な組織再編は企業競争力を高めるために必要不可欠と言える。

統合後の組織再編に伴う人材配置は、困難を極める。組織再編の結果、必ずポジションからあぶれる管理職が発生するからである。各役職の職務要件を明らかにし、公正なプロセスで適任者を判定できればよいのだが、往々にして両社の思

惑が錯綜し、ブラックボックスのなかで決められることとなる。とくに、統合時は双方の社員は神経を尖らせており、下手な人材配置は優秀者の離職や組織風土の悪化の原因になる。そのため、あるべき組織と人員配置を目指しつつも様々な配慮をおこなうことが企業統合の実態と言えよう。

◆ 数度のM&Aによる管理職数の問題

　同社では、統合時に組織再編を行ったが、ポジションを外れた社員へ配慮し、「部長代行」や「担当部長」といった肩書を与え対処していた。このような措置は、決して珍しいことではない。しかし、同社は買収と統合を繰り返すことで、組織にこのようなポジションが乱立する事態に陥っていた。組織図には、部長の傘下に「部長代行」が2〜3名、「担当部長」が複数在籍する部が散見され、必要ポストに対して明らかに過剰な人員配置となっていた。統合後も出身会社間のパワーバランスを保つために、新たな「部長代行」を任用しており、過剰感はさらに進んでいた。

　一般的に、健全な管理職比率は20％程度と言われている。5人に1人が管理職ということは、組織の管理スパンとしては理にかなっている。しかし、同社では管理職比率は40％強となっており、2〜3人に1人は管理職という状況であった。これでは、組織を効率的に管理しているとは言い難い。実際にヒアリングすると、「何の仕事をしているのか分からない管理職がいる」という声も多くあげられた。曖昧な職責で、報酬に見合った仕事をしていない管理職が課題であることは明白であった。すなわち、「管理職数の肥大化」と「職責と報酬の不整合」が起きていたのである。

　これらが組織に与える悪影響は大きい。「頑張らなくても、高い処遇が得られる」という考えが蔓延し、職場には停滞感が広がっていた。組織の意思決定は、責任者である部長だけでなく、複数の部長代行や担当部長の合意が必要であり、無駄な手続きや会議が横行していた。そのため、次世代を担う中堅・若手社員の離職は相次いだ。

◆ 職能型からジョブ型への切り替え

　この状況を見かねたのは、新たに就任した社長である。組織の人員配置を見直

し、「部長代行」や「担当部長」には人数制限を設けた。標準的な規模の組織においては、「部長代行」は1名に絞るといった具合である。これらのポジションを完全に撤廃するという意見もあったが、実際に部長がカバーしきれない重要案件や難しい部門調整を担う「部長代行」も居たため、経営陣としては一歩譲歩した形をとった。

　同時に、職能型制度からジョブ型制度に舵を切ることにより、職責と報酬の不整合を是正することとした。ただし、この改定は簡単なものではなかった。「部長代行」に限らず、いままで不明瞭な職責を担っていた社員は下位等級へ格付けされるからである。当然、報酬減額となるため、不利益を被るとともに大きな反発が予測された。

　これらの理解を得るために、工夫を凝らしたのがコミュニケーションだ。導入の1年くらい前から、社長からは年頭挨拶や講和、社内報等を通じて、人事制度の改定を繰り返し伝えるようにした。そのなかでは、「頑張った社員に報いていく」というメッセージが強調されていたことは言うまでもない。人事担当役員も随所で同様のメッセージを出し、導入前には具体的な説明会を開催することで、全社として正しい方向へ変わっていくというムードを作り上げた。

　一方で、不利益となる社員には、移行措置を講じたうえで、個々のコミュニケーションを丁寧に行った。人事担当役員と部門責任者が同席し個別面談をおこない、本人の気持ちに配慮しつつも、誠実に制度の内容と処遇改定について話し合いを持つようにしたのである。もちろん、個々の反応は様々ではあったが、最終的には全管理職から本人の同意をとりつけ、無事に制度をスタートさせた。

　運用後に管理職の肥大化を招かぬよう、昇格プロセスを改定した。昇格判定の材料として、同僚・部下による多面観察と外部アセスメントを導入したのだ。これにより、上司の恣意的な判断や各社のバランスを過度に配慮するのではなく、本人の資質に応じた適材配置ができるようにしたのである。

　本項では企業統合に伴う事例をあげたが、必ずしも企業統合に限ったことではない。旧来型の年功的な人事運用では、副部長や次長等のポジションが乱立している会社は少なくない。そうした企業にとって、本事例から学べるところが多いのではないだろうか。

CASE 2 グローバル化に対応した事例
大手制御装置メーカーB社

　次に取り上げるテーマは、「グローバル化」である。ジョブ型制度はグローバル化を推進する企業では避けて通れない。グローバル共通の仕組みを持たなければ、スムーズな配置転換や報酬ガバナンスを利かせることができないからだ。

◆グローバル化によりジョブ型へシフト

　大手制御装置メーカーB社では、2000年以降、海外展開を急速なスピードで進めていた。初期段階では、各拠点に拠点長を配置し、国ごとに戦略を決めて実行をしていた。しかし、海外売り上げ比率が上がるに従い、グローバル全体での経営効率が求められ、組織もグローバル全体での最適な組織へと見直しがされた。多くのグローバル企業と同じく、事業軸と地域軸からなるグローバルでのマトリクス組織へと組織構造を変えたのだ。

　これに伴い、人材の配置・登用のあり方も変わっていった。マトリクス組織をきちんと動かすためには、キーパーソンを要所に配置しなければならない。例えば、北米地域のリードエンジニアを事業横断的な開発の要所に、中国地域のセールストップを事業トップに配置するなどである。いままでは、日本人社員の異動で対応できたものが、海外人材も含めたグローバルワイドでの人材配置が必要になってきたのである。

　このような配置・登用をおこなおうとすると、ジョブ型制度なしでは難しくなる。海外では、ジョブ型制度がスタンダードな仕組みとなっており、社員も職務の位置づけに対する意識は高い。とくに海外社員は、異動後の職務の内容や責任、処遇に対する関心は高く、異動の際にきちんとした説明が求められる。異動先の位置づけや処遇が明確に説明できなければ、本人の理解を得るのは困難であることは言うまでもない。

◆導入まで3年を要する

　このような背景もあり、同社ではグローバル全体でジョブ型人事制度の導入を

すべく舵を切った。すでに海外拠点では、各拠点でジョブ型制度が導入されていたが、改めて全社で統制をとることとした。これは全社として整合性のとれた等級制度・格付けを目指したからである。職務価値の測定は、ロジックと感性を両方駆使しておこなうため、往々にして経営の意志が反映されやすい側面がある。例えば、人事部長を「会社の人材意欲を活性化させ、業績貢献するポジション」と捉えるか、「事業支援部門として、正確なオペレーションをおこなうポジション」と捉えるかによって位置づけは変わる。各拠点の経営の意志を全て反映していると、同種のポジションでも地域によってバラバラの位置づけになりかねないため、本社部門による統制が必要になってくるのだ。また、グローバルの組織再編が起きつつあるなかで、各拠点におけるポジションの意味合いも変わりつつあり、各拠点にその判断を委任すると職務価値を見誤りかねない。そのため、本社人事部門が各拠点を巻き込みながら、グローバル全体の統制役としての役目を果たしながら、改革を進めたのである。

ただし、グローバル全体で職務価値を測定すると言っても、簡単なことではない。全社的に重要なポジションについては、社長の判断を仰ぎ、各責任者の意見をすりあわせながら、ひとつひとつのポジションについて位置づけを定めていった。とくに海外では職務等級と処遇が直結することが多く、その位置づけを巡って揉めることも少なくない。そのため、性急に物事を進めるのではなく、じっくりと腰を据えて取り組む姿勢が大切である。

同社では結局、導入までに３年近くの時間を要した。処遇についてもいきなり変えるのではなく、上位層から段階的に実施し、啓蒙活動をおこないつつ、移行措置や個々の配慮等を十分にしながら導入していった。

◆ジョブ型の導入がタレントマネジメントを進めた

最適な人材配置をおこなうことを、一般的には「タレントマネジメント」と呼ぶが、グローバル全体でタレントマネジメントをおこなおうとすると、ジョブ型人事制度はその基盤として欠かせない。グローバルで事業を拡大するためには、海外人材の活用は大前提となる。

しかし、日本企業は海外人材から見て、決して魅力的な職場ではない。それは、人事異動や処遇の不透明さも大きな要因である。会社の辞令ひとつで世界の

どの国でも働かせる旧式の日本型タレントマネジメントで、海外人材を動機づけることは不可能だ。個々のポジションの責任や処遇が明確に示され、その異動が本人の処遇やキャリアアップに繋がることをきちんと示す透明性が、グローバルでのタレントマネジメントには求められるのである。

　同社では、ジョブ型制度の導入とあわせて、グローバルでのタレントマネジメントも進めた。具体的には、将来の経営幹部候補、事業責任者候補等の候補者をグローバルの人材プールから選定し、育成計画や配置プランを検討・実行するための運用プロセス・体制を整備したのである。

　配置の検討にあたり、本人の資質を見極めるためのアセスメントも実施した。アセスメントとは、本人の能力や特性を客観的に評価することを指す。同社では、オンラインツールを駆使し、同僚・部下や本人から、コンピテンシーの発揮レベルなどを診断した。これらのアセスメント結果に合わせ、本人の実績や経験等を総合的に検討したうえで、人材配置を決めたのである。

　企業にとって、経営幹部の育成は重要な課題である。グローバル化が進んでいくなかで、日本人だけで全社の舵取りをおこなっていく会社運営では限界がある。外国人にとって、日本企業は能力があっても人種や性別が理由で要職に就けない「ガラスの天井」を感じさせることが多い。日本人幹部で占められる経営会議メンバーを見ると、外国人社員にとっての昇格機会は閉じているように感じさせてしまう。優秀な外国人社員の獲得・活躍のためには、「ガラスの天井」を壊さねばならない。

　ジョブ型制度の導入とグローバルでのタレントマネジメントは、海外社員のキャリア機会を広げるための基盤になり得る。同社のある事業責任者は次のように語っていた。

　「自分の直属の部下は、もはや過半数が外国人で、日本に居ない部下も居る。そのような環境下では、ジョブ型制度は非常に役立つ。これがなければ、外国人と日本人の部下を上手くマネジメントできない。」

　これは、外国人と日本人が混在した組織においては、芯をついた意見と言えるであろう。

生産性向上に対応した事例
中堅精密機器メーカーC社

　次のテーマは「生産性向上」である。日本企業が「働き方改革」に取り組んで久しいが、いまだ道半ばと言える。ジョブ型人事制度は「生産性向上」とも相性がよい。本項では、ジョブ型制度と生産性の関連性について、解説を進めていく。

◆「成果責任」重視のジョブ型制度導入

　ジョブ型人事制度の重要なポイントは、職責を明らかにし、その職責に見合った報酬で報いることである。これは、会社と個人の「契約」という概念に近い。

　日本企業において、企業と個人の間の「契約」という概念はいままで曖昧にされてきた。「メンバーシップ型雇用」とも称されるが、会社と社員の関係が契約関係ではなく、仲間や家族のように取り扱う関係であった。この会社と個人の関係は、会社全体が右肩上がりの局面では非常に大きなパワーを発揮した。社員が一丸となって、相互に協力しあいながら、目標達成に向けて邁進することで、日本企業は高度成長の時代を勝ち抜いてきた。

　しかし、先行き不透明な経営環境下では、同じようにはいかない。個々人が自ら果たすべき職責をしっかりと果たしたうえで、相互に協力しあう高い自律性が求められる。

　中堅精密機器メーカーC社は典型的な日本企業であり、職責が曖昧であった。社長は先行きが不透明な経営環境のなかで、海外工場への生産移管や新規事業開発に意欲的であったが、組織としての動きは鈍かった。海外工場の赤字に対しても、社内での危機意識は低く、有効な手立ては取られていなかった。そもそも海外工場の運営に、日本本社の各部門が関わっていたものの、どの部門も海外工場の収益性には確たる責任を担っていなかった。

　同社では、ジョブ型制度を導入したが、その際に重視したものは「成果責任（アカンタビリティ）」である。「成果責任」とは、その職務において「期待される成果を生み出す責任」を指し、「逃れられない責任」とも言う。職務記述書に

記載される内容のうち、最も重要な項目のひとつである。

◆社長以下経営幹部による成果責任の表明

　この企業では、社長を含め経営陣で、徹底的に自分たちの「成果責任」は何かを話し合い、言語化した。社長自身は自らの責任を「会社全体の売り上げ規模を拡大する」「既存の事業モデルから、新たな事業環境に適合した事業モデルに転換する」等とした。この議論の過程では、社長の様々な考えが経営陣に示された。業界の競争関係を考えると、何年以内に最低これくらいの売り上げ規模がなければ淘汰されるといったことや、IoTの進化やベンチャー企業の攻勢から事業モデルの転換を急がなければならないという強烈な危機意識が共有されたのである。

　こうしたことにより各経営陣も各自の「成果責任」を明確にした。社長の目下の悩みの種である海外工場についても、議論が及んだ。まず、全社を管掌する副社長に「海外工場の収益性を高め、黒字化させる」という成果責任が課された。副社長はこれを達成するために、他経営陣の成果責任にも海外工場に対する責任を持つように求めた。営業本部長は「海外工場で十分な稼働と収益性を確保するための受注をおこなう」、製造本部長は「技術指導や生産方式改善により、海外工場での製造原価を低減させる」といった成果責任が課された。各組織がどのような責任を持てば、会社全体として得たい成果にたどり着くかということを、改めて議論し直したのである。この議論は、副産物として様々な会社の課題解決に繋がった。

　例えば、製造部門の高齢化は重たい課題であった。シニア社員の職人芸によって支えられていた側面も大きかったが、いずれシニア社員は引退し、技能は継承されないことが目に見えていた。この対応に向け、製造部門だけではなく、開発部門や人事部門にも関連した成果責任が求められた。製造部門は「技能継承の体系・体制を構築する」、開発部門は「職人芸に頼らない製品開発の標準化・共通化を進める」、人事部門は「認定資格や教育訓練の場を構築し、人材教育を体系化する」といった責任が課せられた。

　同社では、経営陣だけではなく、管理職・一般職にも「成果責任」は展開され、重要な「成果責任」については、目標に落とし込まれて運用された。現在で

は年に1回、目標設定とあわせて「成果責任」の見直しをしている。同社の社長は次のように語る。

「我が社はジョブ型人事制度を導入したが、これは処遇を決めるためのシステムではない。会社全体を動かすためのマネジメントシステムである。」

◆マネジメントシステムとしてのジョブ型制度

プロ経営者で知られる松本晃氏は、カルビーの業績を大きく引き上げた。その打ち手のひとつに「C&A（コミットメント＆アカンタビリティ）」というものがある。会長をはじめとして、上から順に仕事内容と目標を明らかにし、会社と約束する仕組みである。この考え方は、ジョブ型制度の考え方とほぼ同義であり、組織運営において極めて効果的かつ合理的と言える。トップから末端まで、会社の成長に向かって、それぞれが果たすべき責任やゴールを明確にし、その達成に報いるというシンプルな戦略である。

この成否を分けるのは、マネジメント層のコミットメントと言える。同じような仕組みを運用していても、形式的・儀式的な運用になっていれば、うまく機能しているとは言えない。人事制度をマネジメントシステムと捉え、組織全体をゴールに向かって動かしていくという経営陣の強い意志が必要となる。意志を込めて運用を続けることが、個々のマネージャーのマネジメント強化に繋がる。

会社全体のマネジメントシステムが上手く機能し始めると、おのずと生産性は向上する。各組織や各社員の果たすべき責任が明らかになるため、責任達成に注力して社員が時間を使うようになるからだ。

◆テレワークが「責任」をより明らかにする

コロナ禍の影響でテレワークが一気に広がったが、メンバーシップ型の人事運用をおこなっている企業は苦戦を強いられている。メンバーシップ型の人事運用では、ひとりひとりの責任範囲は不明瞭である。「空いている人／できる人がやればよい」というマネジメントのため、プロセスが見えていれば上手く采配できるが、プロセスが見えにくくなると対処が難しくなる。

コロナ禍が収束したとしても、テレワークという働き方は今後、社会のなかに定着していくだろう。実際はオフィスに行かなくともテレワークで多くの仕事が

できることが明らかになったからだ。フルテレワークが標準という会社は決して多くはないかもしれない。しかし、テレワークの可否は勤務地と同じくらい優先度の高い労働条件になる可能性は高い。

　今後、日本の労働人口が減っていくなかで、デジタルネイティブである若者の人材獲得競争は過熱するだろう。その際に、オフィス出社を義務づける企業は人材獲得の競争力を失い、選ばれない企業になってしまう。企業が望むと望まざるとにかかわらず、テレワークを組み込んだ働き方にシフトせざるを得ないのだ。

　テレワークとジョブ型制度の相性は良い。本項の冒頭に触れたが、ジョブ型制度は「契約」の概念に近い。何を責任として持つかを明らかにすることは、どこで働いていても責任を果たせば構わないという考えに繋がる。

　「責任」を明確にすることで、物理的制約も含め、プロセスに対する制約を緩めることができる。逆に「責任」が不明確であれば、プロセスをきちんと管理せざるを得ない。テレワークを組み込む働き方が今後標準になっていくことを考慮すると、いずれにしてもジョブ型制度的な考え方を組み込むことが望ましい。

　今後、「働き方」を見直し、ジョブ型人事制度に踏み切る企業は増加することが想定される。マネジメント層がジョブ型人事制度をマネジメントシステムと捉え、その運用にコミットしたときこそ、組織の生産性は向上し、日本企業における「働き方改革」は一歩前進するであろう。

ダイバーシティに対応した事例
大手消費財メーカーD社

◆ジョブ型制度は多様性を損なう？

　事例の最後に、「多様性（ダイバーシティ）」をテーマとして取り扱う。企業の人事の方から、ジョブ型人事制度は「多様性」を損なうのではないかという質問をいただくことがある。おそらく、ジョブ型人事制度は緻密に設計されるため、多様性という言葉が持つ柔らかい語感とマッチしないことから出てくる疑念であろう。

　しかし、実際はその逆である。多様性のある職場とは人種や性別、年齢、信仰などに捉われず、様々なバックグラウンドを持つ人材が活躍している職場を指す。そのなかのひとつは、言うまでもなく女性の活躍である。2018年に国際労働機関（ILO）が調査した報告書によると、世界で管理職に占める女性の比率は27.1％であったが、日本企業は12.0％に留まっており、先進7カ国（G7）で最下位である。これまで紹介してきたとおり、海外の多くの企業はジョブ型制度を運用している。確かに女性活躍は様々な要因の結果でもあり、ジョブ型制度との

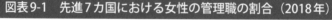

図表9-1　先進7カ国における女性の管理職の割合（2018年）

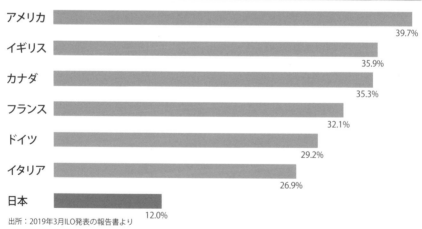

出所：2019年3月ILO発表の報告書より

直接の相関はないかもしれない。しかし、職能型制度が必ずしも「多様性」に繋がるわけではないことをデータは物語っている（**図表9-1**）。

　そもそも、ジョブ型制度は米国における公民権運動のさなか、偏見のない公正さを追求した仕組みである。当時、白人や男性が厚遇されていた社会であったが、コーン・フェリーの前身のひとつであるヘイグループの創始者エドワード・ヘイが人種や差別のない人事の仕組みとして、職務価値をもとにしたジョブ型制度を提唱したことが始まりである。

　コーン・フェリーでは、外資系企業の日本法人の人事改革のサポートをすることも多い。コンサルティング現場の感覚からすると、役員や管理職層に女性を登用している割合が日本企業と比べて明らかに高いことを実感する。もちろん、日本企業と外資系企業では、採用マーケットや人材流動性が大きく異なることも影響を及ぼしているであろう。しかし、外資系企業では年功的な人事運用はほとんどなく、成果や職務価値が重視される組織風土も多いに影響していることは言うまでもない。

◆人材登用の課題からジョブ型を導入

　ここから、大手消費財メーカーD社の事例を紹介していく。

　同社は典型的な日本企業であり、管理職は年配の男性社員が占めるような会社であった。社長は事業が成熟期に差し掛かっており、新たな消費者や市場を切り開くためには、会社の若返りや女性登用を図っていく必要があるという危機意識を募らせていた。従来の職能型制度では、若手や女性の抜擢がしにくかったという背景があった。

　同社では、人材登用を検討する際、すでにその役割を果たす能力があると認定された年配男性社員が多く待機状態になっていた。すなわち、待機している年配社員にポストが空き次第登用するという約束手形を発行している状態に陥っていたのである。年配社員を差し置いて若手や女性を抜擢することは、約束手形を反故にするようなことであり、大きな反発が予想された。結果として、待機している順番どおりに登用をせざるを得なくなっていたのだ。

　このような状況を打破すべく、同社ではジョブ型制度へと改定した。ジョブ型制度では、現在従事している職務価値に基づいて処遇されているので、将来の登

用に対する約束手形は発行されなくなる。そのため、人材登用についての制約は弱まり、若手や女性の抜擢をしやすくする環境を確保することができた。

しかし、これだけでは若手や女性の抜擢・登用は進まない。人材登用を決める意思決定者側の意識が変わらなければならない。そのため、各事業責任者からなる人材抜擢委員会を作り、社長の号令のもとで計画的に人材抜擢をおこなうことにした。具体的には、各年代・各階層から次世代を担うリーダー候補を選出し、その人材を優先して役職に就けることを断行した。

これにより、各事業でロールモデルとなり得る次世代の若手層が活躍の場を得ることができた。また、これらの抜擢には、女性も少なからず含まれていた。

ジョブ型人事制度の導入にあわせ、全ての役職について職務記述書を社内イントラネットで公開を進め、同時に社内公募の制度も整備した。空いている役職のいくつかは社内公募をかけ、多くの人材に門戸を開いた。新規事業開拓やベンチャー企業との共同開発といった挑戦的なポジションには多くの応募が集まり、意欲的かつ優秀な人材を抜擢・配置できたと同社の人事部長は語る。

まだまだ、この企業において多様性に対する取り組みは道半ばである。しかし、ジョブ型人事制度を契機として、多様な人材を活用し、職場を活性化に向けて大きな一歩を踏み出したことは間違いない。

◆ジョブ型制度の好事例　武田薬品工業

日本企業のなかで、いち早くジョブ型人事制度へ転換した企業のひとつに、武田薬品工業があげられる。同社では1990年代にジョブ型制度を導入しており、日本企業のなかでも最も早い段階で取り入れた企業である。同社では、クリストフ・ウェーバー氏が2015年からCEOに就任し、経営陣には多くの外国人が登用され、ダイナミックなスピード感で経営をおこなっている。

同社はDiversity & Inclusionは経営戦略のひとつと捉え、女性活用も積極的に推進している。ジョブ型人事制度はグローバルで展開する企業においては、必要不可欠な基盤である。同社は女性だけではなく、外国人も含めた多様さを体現する企業でもあり、ジョブ型人事制度が重要な役割を果たしていることが分かる。

ジョブ型制度は、「適所適材」の仕組みである。まず、職務とは何かを定義し

たうえで、職務遂行に望ましい人材要件を明らかにする。人材要件には性別や人種は関係なく定義されるため、多様性を実現しやすくなる。

　一方で、職能型制度では、自組織に所属する「ヒト」から最適な人材を選ぶことになる。その結果、会社内での主流派が選ばれ、同質性の高い人材登用になりがちとなる。

　日本企業の「多様性」への取り組みは、残念ながらまだ十分とは言えない。ジョブ型人事制度は「適所適材」を実現する最も公正な仕組みであり、「多様性」の土台となり得ることをいまいちど、強調したい。

　日本の生産人口が減っていくことは明白であり、今後「多様性」を活かすことが、企業の競争優位を築くための重要な戦略になり得る。日本企業が今後勝ち残っていくためには、「多様性」を成り立たせるための土台として、ジョブ型制度を考える岐路に立たされているのではないだろうか。

第 **10** 章

ジョブ型制度の
導入における課題

ジョブ型制度の導入と運用を阻むもの

　最後のこの章では、ジョブ型制度を導入して運用するうえで、日本企業において課題となっていることを取り上げる。

◆ジョブ型制度を巡る日本企業の課題

　かつて、ジョブ型制度の導入を検討したものの、自社には時期尚早という経営判断によって導入が叶わなかった日本企業は少なくない。また、幾多の苦労を乗り越えてジョブ型制度を導入したまではよかったが、数年経過すると制度が形骸化してしまい、ジョブ型とも職能型とも言えない中途半端な制度運用に陥ってしまっている日本企業も多い。

　本章までにも幾度か触れてきたが、ジョブ型制度というものは、日本企業が長年かけて作り上げてきた人事のあり方と大きく異なる。そのため、導入して運用していくにあたって、乗り越えなければならないハードルが存在するのは、自然なことである。問題なのは、そうしたハードルは決して低いものではなく、乗り越えていくためには相応の努力と覚悟が要るという点である。

　これから、日本企業にはどんなハードルが待っているのかを論じるにあたり、コーン・フェリーが実施した「ジョブ型人事制度の実態調査」の結果を参照されたい。この調査のなかでは、ジョブ型制度の導入と運用で課題になっていることを聞いており、その回答結果が**図表10-1**である。

　左から順に、回答企業数が多かった項目をあげている。最も回答数が多かったのが、「経営陣・現場責任者のジョブ型制度への理解不足」で、次に「組織変更やポジション新設に対応しきれない」、そして「柔軟な人事異動の阻害」という結果になっている。それ以降は、「制度変更しても旧来の年功的運用から脱却できない」から「人事部内にジョブ型人事運用に必要な人材リソースがない」までが同数で並んでいる。

　この調査結果を見て、どう思われただろうか。ジョブ型制度に何らかの形で携わった経験がある方には、納得感のある結果になっているものと推察する。組織

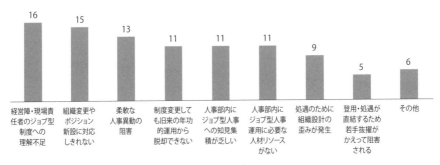

図表10-1　ジョブ型制度における課題

ジョブ型制度における課題（複数回答）　　　　(n=42)

16 経営陣・現場責任者のジョブ型制度への理解不足
15 組織変更やポジション新設に対応しきれない
13 柔軟な人事異動の阻害
11 制度変更しても旧来の年功的運用から脱却できない
11 人事部内にジョブ型人事への知見集積が乏しい
11 人事部内にジョブ型人事運用に必要な人材リソースがない
9 処遇のために組織設計の歪みが発生
5 登用・処遇が直結するため若手抜擢がかえって阻害される
6 その他

出所：コーン・フェリー「ジョブ型人事制度の実態調査」（2020年4-5月）

変更や柔軟な人事異動への制度対応といった、よくある技術的な課題だけではなく、経営陣や現場責任者の理解不足といった本質的な課題が指摘されていることが分かる。以前から指摘されてきたジョブ型制度の課題だけでなく、こうした組織運営の核となる経営幹部の問題が指摘されている点が、現代の日本企業の悩みの深さを物語っている。

　では、ジョブ型制度の導入と定着に向けて、経営陣や、現場の責任者たる管理職の理解と意識がいかに重要であるか、そこに着目して課題を紐解いていきたい。

日本企業に染み付いている
メンバーシップ型雇用の発想

◆ 経営陣の意識改革の必要性

　数年前までは、日本企業においてジョブ型制度の導入主体は人事部門であった。自社をより良くするために、ジョブ型制度が役に立ちそうだと考え、人事部門が自主的に導入をリードしてきた。そのため、ジョブ型制度の意義や必要性について経営陣に説いて、導入に向けた承認を得るというボトムアップ型のアプローチが多かった。

　しかし、社長をはじめとした経営トップ層は、必ずしも人事の専門知識を持ち合わせているわけではないため、ジョブ型制度の導入によって得られる効果や効能について、十分に理解することができなかった。

　また何より、経営陣の間で旧来の人事制度に対する課題意識が醸成されておらず、ジョブ型制度の導入が頓挫してしまう例が少なくなかった。

　それが近年では大きな変化が生じてきている。経営者自らが、ジョブ型制度導入の旗振り役となっている企業が格段に増えてきたのである。実際、筆者らが支援をしている日本企業では、ジョブ型制度導入プロジェクトの責任者を経営トップが担っている企業が多くを占めている。

　その背景には、現在、そしてこれからの先行き不透明な経営環境においては、旧来の年功的な人事運用では競争に勝つことができない、といった経営トップの強い危機感がある。また、多くの大企業では、海外での事業経験を持つ経営者がほとんどであり、日本の人事運用が世界的に見ればいかに非常識であるか身をもって体験しているのも大きい。

　このように、経営トップがジョブ型制度の導入を決めてトップダウンで主導する場合、人事部門は強力な後ろ盾を得ることになる。

　しかし、いくら経営トップの意志でジョブ型への転換を進めようとしても、その他の経営陣が一枚岩になるのはそう容易ではないのが現実である。長年の間、組織に染み付いていた年功的な発想を急に転換するのが難しいのは言うまでもない。それは、企業経営を担う役員層であっても同じである。

　ここで、役員層の意識を変えることが、制度の導入に向けていかに重要かを物語る事例を取り上げる。

● 某金融機関のケース

　ある大手の金融機関では、極めて年功色の強い現状の人事運用を排し、適所適材を推し進めたいと考えた。経営トップ自らが、人事部門に対してジョブ型制度の導入を指示して、制度改革の検討がスタートした。とりわけ金融に代表される規制業種は、日本企業のなかでも人事運用における年功色が強いと言っていい。長い間、同じ事業を営み、事業を支える組織体制や業務内容も大きくは変わらないからだ。従って、社員には業界の慣習や社内の事情、業務知識について習熟していることが求められる。習熟と年功的な人事運用の相性は良いのである。

　この大手金融機関で、改革の最たるハードルになったのは経営陣の人事に対する思想や考え方であった。経営トップこそジョブ型制度の必要性を理解していたが、その他の役員には経験による習熟を旨とした年次運用の考え方が染み付いていた。銀行などでは、他の業種に比べれば中央集権的に人事を行っていると言えるが、それでも人材の異動や登用について各部門が主導している部分も大きい。各部門の責任者である担当役員が年次運用の思想を捨てられなければ、ジョブ型の制度を導入してもすぐに形骸化するのは目に見えている。

　このことに強い危機感を覚えた人事部では、早いタイミングから経営陣に対する丁寧な説明と説得に力を入れた。自社にジョブ型制度を導入する目的のみならず、ジョブ型に切り替えた際に生じる社員への影響、経営陣のひとりとして協力を得たい点などを、時間をかけてひとつひとつ説明していった。もちろん、全ての役員が本当に理解するまでにはもうしばらく時間を要するだろうが、人事部の努力によって、各部門の担当役員から制度改革へのサポートを取り付けることができた。

　この事例が示しているのは、ジョブ型制度の導入に向けては、経営トップだけでなく、経営陣からの理解と支援がカギとなること、またそれらを得るためには少なくない時間と労力を要するということだ。

　これは裏を返せば、年功的な人事運用というものが、それだけ日本企業に浸透

し切っているということだ。この年功序列に加えて、日本企業で特徴的なものが「職務」という概念が希薄で、「職務」と「人」とが混然一体となってしまっている点である。

◆職務と人とを分離させる必要性

最近、ジョブ型雇用との対比で、メンバーシップ型雇用という言葉がよく使われるようになった。日本企業の人事雇用慣行を表す言葉として、かなり定着してきた感がある。

日本的なメンバーシップ型雇用の特徴は、次の3点に集約できる。

1つめが、企業には原則的に雇用継続義務があるという点で、仮に職務がなくなったとしても、配置転換等を通じて雇用を確保しなければならない。

2つめは、ローテーションと呼ばれる定期的な異動をおこなうことだ。多くの社員は、ある特定の職務に就くために入社しているのではないため、育成と要員充足を目的として定期的に部署を超えた異動がおこなわれる。従って、キャリアパスもゼネラリストの育成を主眼としたものになっている。

3つめは、人を中心とした組織設計だ。まずポストありきのジョブ型とは真逆で、配置された人材によって何ができるかを考え、職務とその集合体であるポストを設計していく（**図表10-2**）。

要するに、メンバーシップ型雇用とは、どのような職務を担うかについての合意がない雇用である。そのため、日本企業において職務という概念が希薄であり、職務と人を分けることが難しくなってしまっている。そもそも、人ありきで採用と雇用を行っているので、職務という定まった考え方が日本企業にはない。日本企業では慣習的に人に応じて組織を組み上げていき、人と職務の明確な線引きがなくなりがちである。そして、そのことがジョブ型制度の導入と運用を大きく妨げる結果を生むのである。

ここで、いかに人と職務を分化させることが簡単ではないかを示す事例を取り上げる。

● 某製造業のケース

製造業を営むある大手企業では、不透明な環境下で勝ち残っていくために、従

図表10-2　メンバーシップ型雇用とジョブ型雇用の比較

	日本的　メンバーシップ型雇用	欧米的　ジョブ型雇用
エグジット（退出）	**原則、雇用継続義務** ● 職務がなくなっても、配置転換等を通じた雇用確保義務がある	**職務の有無により決定** ● 職務がなくなったら、雇用は終了
ローテーション	**定期的な異動の実施** ●「特定の職務」をするために入社しているわけではなく、「育成」と「要員充足」のため異動実施 ● ゼネラリストキャリア中心	**定期的な異動はなし** ●「特定の職務」のために合意して入社しているため、異動は原則しない ● スペシャリストキャリア中心
組織設計	**"ヒト"を中心に設計** ● 配置された人材によって、「何ができるか?」を考え、業務分担やアサイメントを決めていく	**"組織要請"を中心に設計** ● 戦略上、「何をすべきか?」をもとに組織は作られ、必要な人材を集めていく

来の年功色が強い人事から、ジョブ型人事への転換を行っている。この転換の取り組みは、経営トップである社長の強い思いから始まったものだった。改革の内容は、人事制度を職能型からジョブ型へと切り替えるのみならず、組織設計や人材の配置までをジョブ型の理念に即したものへと変えようとする、本質に踏み込んだものであった。

　組織改革の定石に従って、取り組みは組織の上位層から始められた。まず、役員と事業本部長相当のポストについて、その職責を明らかにし、職責に照らして適材の配置と登用を検討しようとしたのである。この企業では、伝統的に各事業本部が組織体制を考えて提案し、社長が決裁する形を採っていた。今回もこの通例を踏襲し、事業本部長が組織構造にあわせて主要ポストの職責を設計し、それを経営に提案する流れで進められた。折しも、新しい中期経営計画が策定されたタイミングだったので、社長はこの計画の実現を念頭に置いて、論理的に組み立てられた組織案が出てくることを期待した。

　しかし、各々の事業本部長から提出されてきた案は、現状の人材に大きく引きずられたものになっていた。フェローといった名称などで、組織長ではないポス

トが設置されていたり、"副"本部長ポスト等の、組織構造のうえでは必要性が見えないポストが数多く設置されていたりしたのである。これらのポストは、その名称を見ただけでは職責を判別するのが困難であり、事業本部サイドの説明を聞くまでは、どんな役割を負うポストかが判然とせず、場合によっては説明を聞いてもその必要性が理解できないポストもあった。

こうした、組織設計の論理から逸脱したポストの設計がなされたのには、2つの理由がある。

ひとつは、現職者ができることや得意とすることをベースにしてポストを作ったからである。ヒトに合わせて組織を作っているので、事業上での必要性を理路整然と語れないのである。例えば、ある"副"本部長ポストを取り上げると、部下を持っておらず、組織マネジメントの職責は負っていなかった。何が主務かといえば、ある特定の大口顧客との関係維持に責任を持つとのことであった。なぜ、このような"副"本部長を設置したかというと、現職者が特定大口顧客と深い関係を築いており、その関係性は継続的に重要だからということでの後見役であった。果たして、その役割が"副"本部長として相応しい内容かどうかを吟味されることなく、人を起点にポストの起案がされたのである。

もうひとつの理由はさらに根が深く、より問題視すべきものである。それは、かつて大きな貢献をしてくれた社員に対して、論功行賞的な処遇を付与するためのポスト設置である。このような恣意的な意図をもって組織設計をおこなえば、組織の生産性やメンバーのモチベーションが下がることは言うまでもない。

例えば、ある事業本部では、他の事業本部と比べて、フェローと呼ばれるポストが数多く置かれていた。その事業本部側の説明では、優れた専門性が必要なポストということであったが、なぜそこまで多くのフェローポストが事業推進上で必要なのか、明確な説明を伴わないものであった。よくよく話を聞いてみると、フェローへの登用者は、これまでの事業本部を支えてきた功労者であり、高い格のポストを与えてあげたいという配慮があることが分かってきた。ただし、彼らに高い組織運営力があるわけではなく、組織長ポストの数には限りもあるため、「専門性」という旗頭の下で厚遇を確保したいと考えたのである。

無論、こうした属人的なポスト設計は、ジョブ型の考え方からは許容のできないことである。とりわけ、情実が絡んだポスト設計であれば、なおさらに看過は

できない。

　当初の計画では、この後のプロセスに職務評価と職務等級の設計を予定していたのだが、その前提となる組織の設計がジョブ型の趣旨に反する状況では、前に進めることができないと社長は判断した。職務評価に入る前に、職務と人とを切り離して組織を組み立てるべく、各事業本部に対して再検討を指示したのだ。

　こうした話は、何もこの企業に限ったことではない。多くの日本企業、とくに、歴史の長い大企業ほど起こりがちである。職務と人とが未分化であるという事実は、ジョブ型制度を導入するうえで、かなり根の深い問題である。

◆日本的組織変更と人事異動の問題

　ここで、先に示した「ジョブ型人事制度の実態調査」における、ジョブ型制度の課題の回答結果を思い出していただきたい。回答数の上位2〜3位は、「組織変更やポジション新設に対応しきれない」「柔軟な人事異動の阻害」となっていた。一見、全く別の問題を指摘しているようにも見えるが、これらの原因は同根のものである。

　ジョブ型制度は、組織変更と連動性の高い仕組みである。組織変更に伴い、職務記述書や職務評価の見直しが必要になってくる。もともと、職務という概念が希薄であり、人と組織が未分化である日本企業においては、組織や職務に向き合う経験やリテラシーが全般的に不足している。日本企業のなかには、それほど経営戦略に大きな変更がないにもかかわらず、また事業規模が拡大していないにもかかわらず、組織体制を頻繁に変える企業もあるが、組織や職務へきちんと向き合うジョブ型の思想とは相矛盾するものである。ジョブ型では、中期的な職責を現職者に委任していくのが原則なのだ。このことを理解せずにジョブ型制度を運用していると、負荷が大きくなるのは当然といえよう。

　日本企業では、組織や職務に向き合う経験やリテラシーが不足していることを考慮すると、その負担は一層大きいと言えよう。この負担感の大きさも日本企業でジョブ型制度を導入する際の大きな課題である。

　柔軟な人事異動、というのも日本企業ではよく見られる慣行である。柔軟というと聞こえはよいが、要するに個別性の高い人事異動を意味している。欧米の企

業には、日本企業以上にキャリアパスというものが明確に存在している。原則として職種ごとに採用され、その職種のなかでスペシャリストとしてのキャリアを歩んでいく。従って、人による個別性の高い異動というものは少なく、多くの社員は各自のスペシャリティのなかでキャリアアップを目指すことになる。

　一方で、日本企業にもキャリアパスという概念は広まってきているが、まだそこまで明瞭なものではない。いまだ、新卒の一括採用が主流であり、ローテーションをおこなうなかで個々人の特性を見極めながら、最終的な配属先を見定めていく。

　職務等級の設計をおこなっていると、現在よりも等級の低いポストに異動となったときに、その社員のモチベーションを減退させるという問題提起が、必ずと言っていいほどなされる。欧米の発想ではキャリアダウンとも言えるこうした異動が想定されるのは、やはり個別性の高い人事異動が存在するからである。

　例えば、社員の育成を目的として、全く畑違いの分野のポストを経験させる、組織の立て直しのために、現在よりも小さな拠点へ組織改革に長けた社員を送り込むなど、社員の育成や特性を考慮した異動が組まれるのが日本企業なのである。もちろん、こうした異動自体が誤っているというわけではないが、ジョブ型制度の運用にあたっては、大きな障害となる。

　頻繁に起こる組織変更、個別性の高い人事異動、そのいずれもが「人」起点を特徴として持つ日本企業のメンバーシップ型雇用に端を発している。事業上の要請というより、人の雇用や配置を意識した組織変更が横行し、個々人の事情や特性を念頭に置いた個別性が高い人事異動がおこなわれるのは、日本企業がメンバーシップ型雇用を継続しているからに他ならない。

　ジョブ型制度を定着させるためには、技術的な対策だけでは事足らず、日本企業のメンバーシップ雇用のあり方を真剣に考えていく必要があるだろう。

運用主体である人事部門の改革

◆人事部門に求められること

　ジョブ型制度の導入と運用の課題を論じるにあたって、もうひとつ焦点を当てるべきは運用の主体となるべき人事部門である。先の調査結果を見ても、「人事部内のジョブ型人事に対する知見集積の欠如」と「人事部内の人材リソース不足」があげられている。

　そもそも、制度に携わる人的リソースが足りないというのも問題ではあるが、より本質的には、ジョブ型制度を趣旨どおりに運用し切るための知見や能力が、人事部門に欠如していることの方が問題だと言える。

　正確に言うと、これまで人事部門に求められてきたものと、ジョブ型制度下で求められるものとでは、人事部門が有するべき知見と能力が大きく異なるということである。

　従来の職能型制度下では、人事部門には「調整力」と「労務管理業務の専門性」が高く求められた。職能型制度では、社員の昇格や異動が年功的におこなわれることが大半であり、多くの場合は暗黙のルールが存在する。加えて、各部門から昇格と異動の案が上がってきて、全体を見ながら人事部門が調整して最終化するプロセスが一般的である。そこで人事部門に期待されるのは、暗黙のルールに則りつつ、ある部門に偏ることなく全体のバランスを取ることである。従って、社内調整力が人事部門にとって重要な能力となる。

　また、労務管理業務に関する専門的な知識も欠かせないものだ。採用・給与計算・就業管理など、人事部門の仕事には労働関係法令への精通が必要とされるものが多い。年功序列と並んで日本型雇用システムの特徴である、労働組合との労使交渉が人事部門の大事な仕事だったこともあって、労務管理業務への熟達は避けて通れなかった。

　しかし、ジョブ型制度を正しく導入し運用しようとすると、先述のような職能制度下で求められるものとは大きく異なる能力と資質が、人事部門には必要とされる。これまで何度も述べてきたが、ジョブ型制度の要諦は、各ポストの職務に

対する期待値を明らかにして、その価値を測定し、価値に見合った報酬を支給していくことにある。そして、制度を形骸化させることなく、理念どおりに運用していけるか否かは、各ポストに適した人材を配置できるかどうかにかかっている。従って、人事部門は「組織設計の知見」と「人材の見極め能力」を持っていることが重要になる。

　各ポストの職務期待値を決めるというのは、組織を設計することと同義である。会社のビジョンや戦略を正しく理解し、それらを各ポストの職務内容に紐づける活動をおこなわなければならない。さらに、管理スパンや組織構造といった、組織を考えるための知識も持ち合わせているべきだ。もちろん、人事部門が白紙の状態から会社の組織を設計する機会は少なく、経営企画のような部署や、事業部側が組織設計をおこなう企業が過半である。しかし、人事部門には彼らが考えた組織体制をきちんと理解し、場合によっては疑義を唱える役割がある。

◆人事部が組織設計に深く関わったケース

　ここで、ある大手素材メーカーの事例を取り上げる。この素材メーカーは、日本企業のなかではかなり上手にジョブ型制度を運用している企業と言える。制度を導入してからすでに数年が経過しているが、形骸化は最小限にとどめられている。この成功の秘訣は、人事部が組織設計に深く関与しているところにある。

　この素材メーカーでは、人事担当役員が議長となって、社長を含む経営陣で組織・人事委員会を開催している。委員会では組織体制の見直しやポストの改廃などを議論すると同時に、主要ポストの職務評価もおこなっている。各部門から新設ポストの職務内容、主要ポストの職務変更について案が提出される。組織・人事委員会は、各部門からの案に対する人事部の見解と、職務評価の結果を提示する形で討議が進められる。この委員会には大きく2つの意味がある。

　ひとつは、日本企業でジョブ型制度を運用していると起こりがちな、人の処遇のためのポスト設置を抑制し、あくまで戦略実行に向けた組織設計に集中できる点である。各部門の案が情実に引きずられたものだったり、戦略視点が欠けていたりする場合には、人事部は果敢に異議を呈して修正を求める。

　もうひとつは、人事部が経営陣の期待値を把握し、適切に職務評価に反映させる役割も同時に果たせることである。組織設計の門番的な役割を担うべく、この

メーカーの人事部では、職務評価の専門部員を数人抱える体制を取っている。

　ジョブ型制度において人事部門に必要なのは、組織設計の知見にあわせ、人材の見極め能力である。各ポストに適材を配置しようとすると、そのポストの職務内容に即した人材を見つけ出すことも不可欠だ。いわば人材を見極める力を、人事部門は養っていかねばならない。本来、人事部門にはこの能力が備わっているべきだとも言えるが、これまでは現場が社員の配置を考えていたため、多くの日本企業の人事部門は、人材の力量を正確に評価する力を有してはいない。このことに危機感を覚え、人事部門の改革に着手した企業の例を取り上げる。

◆ 人材評価の力量強化に取り組んだ人事部のケース

　ある大手商社では、ジョブ型制度の定着に向けては、職務と人材を正しくマッチングさせることが最大の成功要因になると考えていた。

　そこでまず、人事部と事業部との連携体制を強化して、本部長・部長・課長といった組織長ポストの職務内容を全社的に棚卸しした。同時に人材を見極める力を獲得すべく、人事部内に専門チームを作って、人材アセスメントの教育を徹底的に施した。年次や社歴などの外形的な情報だけに頼ることなく、社員各々がどんな適性を持っているのかを客観的に評価したいと考えたのだ。

　まだ改革途上の段階ではあるが、人事部が職務と人材のマッチング機能を果たすべく、人材見極めの能力を獲得しようとするこの商社の意気込みは、高く評価できよう。

　ジョブ型制度を日本企業に定着させるには、人事部門は組織設計に関する知見と、人材を見極める力を新たに身につけなければいけない。最近、給与計算に代表される労務管理業務を社外にアウトソースする流れが顕著になっている。そのことで、かつては人事部門の必修科目であった労務管理に関する専門性を、高いレベルで社内に蓄積しておく必要性も低下しつつある。こうした外的な環境変化も踏まえつつ、ジョブ型制度を導入する企業では、人事部門の能力改革をおこなっていかねばならないのである。

　この最終章では、日本企業がジョブ型制度を組織に根づかせていくうえでの課

題を解説してきた。ここまで読み進めていただければお分かりと思うが、ジョブ型制度は単に人事制度の一類型と捉えて考えればよいものではない。制度の前提となる人事のあり方にまで踏み込んで検討しなければならない、正に、組織と人事の一大改革というべきテーマなのである。

　本書では、ジョブ型制度に関して、できるだけ偏りのない幅広い論点を網羅してきたつもりである。無論、制度の仕組み的な側面も重要ではあるが、本書がより大きな視点からジョブ型制度を捉え直す契機となって、日本企業が導入と運用に取り組む際の一助となれば幸いである。

おわりに

　本書を執筆している2020年は、激動に満ちた1年であった。コロナ禍によって、日本企業は「働き方」の大きな変化を余儀なくされたからだ。コロナ禍以前より、日本企業がグローバル競争で勝ち残っていくために、「ジョブ型」への検討は日本企業で進められていた。日立製作所や富士通、KDDIなどといった日本の大手企業がジョブ型へ舵を切り、伝統的な日本の大手企業も、最早、例外などではない。コロナ禍はその動きにさらに拍車をかけたと言えるだろう。コロナ禍はヒトとヒトの分断をもたらした。オフィスに物理的に集まって、密な会議室で丁寧にすり合わせをする仕事の進め方は難しくなった。むしろ、個々人の業務をキッチリ分担し、各自に任せていくマネジメントへとシフトする必要が出てきた。これは、会社と個人が職務について合意する「ジョブ型」に通ずる考え方である。

　コロナ禍がおさまっても、この「働き方」の変化は不可逆であろう。確かに、オフィスに回帰する企業は一定数、出てくるものと想定される。しかし、一方でオフィスを圧縮する企業も出てきている。日立製作所や富士通は、オフィスの圧縮や在宅勤務を標準とした「働き方」へのシフトを進めている。IT企業やスタートアップ企業では、オフィスをなくす企業も出てきている。今後の日本においては、少子高齢化が進み、働き手が不足することが予測される。そのなかで、在宅勤務を許容する「働き方」は働き手にとって大切な労働条件になるだろう。働き手の価値観は、かつてなく変化しつつある。会社での序列や労働よりも、自身のキャリアや価値観を大事にする時代に変化しつつある。とくに、これからのデジタルネイティブと呼ばれる次世代の人材はその傾向が顕著である。「原則、オフィス出社」に合理性がなければ、就労先として選ばれなくなるであろう。そのため、日本企業の「働き方」のニューノーマルは、テレワークを織り込んだ「働き方」になっていくものと考えられる。

　この「働き方」の変化は、日本社会の抱える社会的な問題解決に繋がる可能性は大いにある。育児や介護の制約を抱える社員にとって、働く利便性は明らかに増すことになる。高齢社員や障碍を持つ社員の活躍の場を増やすことにも繋がり得る。また、副業を解禁する企業も増えつつあり、社員の雇用体系も多様性と柔軟性を増していくだろう。正社員を丸抱えして、入社から定年まで長期にわたり

雇用を保障していく日本型の人材マネジメントは、時代の流れに沿っているとは言い難い。今後の人材マネジメントの核となる考え方は、やはり「職務（ジョブ）」であろう。企業と個人の関係は、つまるところ「どのような職務をおこなうか」「職務遂行の労働の対価をどれだけ払うか」という契約関係に尽きる。多様な「働き方」や雇用を受容したうえで、社員は企業に職務遂行を通じて貢献し、企業はその労働の対価を支払うのである。企業と個人を繋ぐのは、「職務（ジョブ）」に他ならない。

　日本企業でジョブ型制度を導入・運用するのは、大変なことでもある。いままでの人事制度と異なり、「組織」や「職務（ジョブ）」に真剣に向き合うことが人事部門も事業部門も求められるからだ。しかし、「職務（ジョブ）」は企業と社員を繋ぐ最も重要な要素であり、ジョブ型制度を運用することは、そこに真っ向から向き合わざるを得ないため、労苦が多いのである。ジョブ型人事制度を導入した企業のある経営幹部は次のように語っていた。

　「いままで、我が社はいかに楽をしてきたかを思い知った。確かにジョブ型制度を運営することは、日本企業にとって大きなチャレンジかもしれない。しかし、個々人がジョブに向き合うことで、組織や会社は強くなることは間違いない。ジョブ型制度の導入は、最初の一歩に過ぎない。これを契機に、人事部門は会社成長を加速させる人事運用を実現させなければならない」

　本書では、コーン・フェリーが顧客企業との協働プロジェクトを通じて得られた知見やノウハウを体系化したものである。ジョブ型制度といっても、個社ごとの文脈に沿った百社百通りの導入のあり方がある。今回、このような機会をいただき、本書を上梓することになったが、コーン・フェリーとともに様々なチャレンジをさせていただいている全ての顧客企業に謝意を伝えたい。これらの顧客企業との挑戦の結果、得られた知見が日本社会に還元されていくことに、著者としても大きな喜びを感じている。本書が、これからジョブ型制度の導入・運用を予定されている日本企業の「教科書」の役割を果たし、有意義な制度運用・活用がされることを心から願っている。

　　令和3年2月

　　　　　　　　　　　　　　　　　　　　　　　　著者記す

索 引

■ 著者

柴田 彰（しばた あきら）

コーン・フェリー 組織・人事コンサルティング部門責任者　シニア クライアント パートナー。慶應義塾大学文学部卒。PwCコンサルティング（現IBM）、フライシュマン・ヒラードを経て現職。各業界において日本を代表する大企業を主なクライアントとし、組織・人事領域の幅広いプロジェクトを統括。近年は特に、全社的な人材戦略の見直し、社員エンゲージメント、経営者のサクセッション、人材マネジメントのグローバル化に関するコンサルティング実績が豊富。著書に『エンゲージメント経営』『人材トランスフォーメーション』（いずれも日本能率協会マネジメントセンター）、共著書に『VUCA 変化の時代を生き抜く7つの条件』（日経BP）がある。

加藤 守和（かとう もりかず）

コーン・フェリー組織・人事コンサルティング部門シニアプリンシパル。一橋大学経済学部卒。シチズン時計、デロイトトーマツコンサルティング、日立コンサルティングを経て現職。人事領域における豊富な経験をもとに、組織設計、人事・退職金制度構築、M&A支援、リーダーシップ開発、各種研修構築・運営支援等、ハードとソフトの両面からの組織・人事改革を幅広く経験。社団法人企業研究会記念論文「21世紀の経営とビジネスリーダーの要件と育成」に参画。共著書に『VUCA 変化の時代を生き抜く7つの条件』（日経BP）がある。

ジョブ型人事制度の教科書

2021年3月5日　初版第1刷発行
2021年4月15日　　第3刷発行

著　者——柴田 彰　©2021 Akira Shibata
　　　　　加藤 守和　©2021 Morikazu Kato
発行者——張 士洛
発行所——日本能率協会マネジメントセンター
〒103-6009 東京都中央区日本橋 2-7-1　東京日本橋タワー
TEL 03(6362)4339(編集)／03(6362)4558(販売)
FAX 03(3272)8128(編集)／03(3272)8127(販売)
http://www.jmam.co.jp/

装　　丁——重原 隆
本文DTP——株式会社森の印刷屋
編集協力——根本浩美
印 刷 所——広研印刷株式会社
製 本 所——ナショナル製本協同組合

ISBN 978-4-8207-2877-1　C2034
落丁・乱丁はおとりかえします。
PRINTED IN JAPAN

人材トランスフォーメーション
新種の人材を獲得せよ！ 育てよ！

柴田 彰 著

四六判192頁

グローバルな競争の中での日本企業が渇望する人材像を明らかにしたうえで、そうした新種の人材を社外に求めるだけでなく、社内で早期に出現させるための必要性を説く。

エンゲージメント経営
日本を代表する企業の実例に学ぶ人と組織の関係性

柴田 彰 著

四六判264頁

「会社は社員が期待する事を提供できているか?」「社員が仕事に幸せを感じて意欲的に取り組めているか?」こうした答えを導くための実践法を先進企業の事例から読み解く。

強靭な組織を創る経営
予測不能な時代を生き抜く成長戦略論

綱島邦夫 著

四六判384頁

マッキンゼーNYやコーンフェリー・グループなどの敏腕コンサルタントとして国内外の有力企業の経営課題を解決してきた著者が大胆に説く、これからの日本企業の経営指針。

ピープルアナリティクスの教科書
組織・人事データの実践的活用法

一般社団法人ピープルアナリティクス＆
HRテクノロジー協会 著
北崎 茂 編著

A5判264頁

職場の生産性や従業員満足度を高めるために、いかに従業員の行動データを収集・分析し、運用していくかを9社の事例などを通して詳しく解説。導入の効用と今後の課題がわかる。

日本能率協会マネジメントセンター

データ・ドリブン人事戦略
データ主導の人事機能を組織経営に活かす

バーナード・マー　著

中原孝子　訳

A5判332頁

AI時代の人事機能として提示すべき人材像に対応していくために人事に求められるスキルや知識、そして実践すべきことについて、戦略的視点から解く。

実践 人財開発
HRプロフェッショナルの仕事と未来

下山博志　著

A5判240頁

人財開発の仕事とは何かから、人財開発の「内製化」、全社的視点での人財開発の考え方や手法と具体的な事例、ITの技術革新と人財開発の関係までがわかる。

最強組織をつくる人事変革の教科書
これからの世界で勝つ"最強の人事"とは

小野　隆
福村直哉
岡田幸士　著

A5判208頁

SDGsやESGの中での役割、オペレーション業務との関わり方、経営戦略的な位置付けとしての人事、デジタルフォーメーションへの対応など人事の主体的変革について述べる。

これからのリーダーシップ
基本・最新理論から実践事例まで

舘野泰一
堀尾志保　著

A5判256頁

「最も研究されているけれども、最も解明が進んでいない領域」ともいわれるリーダーシップ論に関し、その発揮・教育に向けた具体的な実践方法について紹介。

日本能率協会マネジメントセンター

経営戦略としての異文化適応力
ホフステードの6次元モデル実践的活用法

宮森千嘉子
宮林隆吉　著

A5変形判320頁

「文化と経営の父」と呼ばれるヘールト・ホフステード博士が考案した「6次元モデル」を用いながら、多様な人材間コミュニケーションの問題を解決する実践法を紹介。

成人発達理論による能力の成長
ダイナミックスキル理論の実践的活用法

加藤洋平　著

A5判312頁

人間の器（人間性）と仕事の力量（スキル）の成長に焦点を当てた、カート・フィッシャー教授が提唱する「ダイナミックスキル理論」に基づく能力開発について事例をもとに解説。

なぜ部下とうまくいかないのか
「自他変革」の発達心理学

加藤洋平　著

四六判256頁

部下のことで悩む課長と人財コンサルタントとの対話形式により、部下とのコミュニケーション法や育成法、さらには自己成長や組織マネジメントを物語形式で説く。

リーダーシップに出会う瞬間
成人発達理論による自己成長のプロセス

有冬典子　著
加藤洋平　監修・解説

四六判312頁

女性リーダーに抜擢された主人公が先輩女性や同僚、上司らに支えられながら、自分の信念に立ったリーダーシップへの気づきのプロセスが共感的なストーリーでわかる。

日本能率協会マネジメントセンター